So bleibt Ihr Pferd cool und gelassen

Gelassenheitstraining für Alltag und Prüfung

von Renate Ettl

Cadmos Verlag GmbH, Schwarzenbek
Copyright © 2005/2009 by Cadmos Verlag
Gestaltung: Ravenstein + Partner, Verden
Fotos: Renate Ettl
Druck: Westermann Druck, Zwickau
Alle Rechte vorbehalten.
Abdrucke oder Speicherung in elektronischen Medien
nur nach vorheriger schriftlicher Genehmigung durch
den Verlag.
Printed in Germany

ISBN 3-86127-545-7

Inhalt

Der Traum vom coolen Pferd 8

Mehr Gelassenheit im Pferdesport 10

Das natürliche Verhalten des Pferdes 11

    Das Heil in der Flucht 12
    Schutz durch Artgenossen 13

Unfallsituationen 14

    Das Gespenst im Gebüsch 14
    Laute Maschinen und Straßenverkehr 14
    Was das Pferd nicht kennt … 15

Die Idee der Gelassenheitsprüfung 16

    Mehr Sicherheit für Mensch und Tier 16

Was der Gelassenheitspass bringt 17

    Nutzen für den Reiter 17
    Wettkampf auch für Nichtreiter 18
    Profit für den Züchter 19

Welche Pferde sind geeignet? 19

    Typen, Rassen und Charaktere 20

Das Gelassenheitstraining 21

Die Ausrüstung für die Bodenarbeit 22

    Halfter und Führstrick 22
    Sinnvolle Kleidung 24
    Zusatzausrüstung 25

Heranführen an furchterregende Hindernisse 26

    Reaktionen unterschiedlicher Pferdetypen................................... 27
    Wie nimmt man dem Pferd die Angst?...................................... 28
    „Nein, meine Suppe ess' ich nicht!" .. 30

Inhalt

Leitstute Mensch................................ 31

    Wer ist der Boss im Ring? 32

Problemfälle 33

    Fütterungs- und Haltungsfehler 33
    Schlechte Erfahrungen................... 35

Die Arbeit an Hindernissen 37

Hindernisse übertreten 38

    Stangentraining 38
    Die Brücke und die Wippe 41

Alles was raschelt................................ 43

    Tüten, Planen und Flatterbänder.... 43

Gegenstände nachziehen 45

Was es sonst noch alles gibt............... 46

    Bälle und Ballons 47
    Besen, Mülltonnen,
    Pferdehänger … 48
    Gerüche und Geräusche 50

Dasselbe Hindernis – neue Gefahr? 51

    Wenn die rechte Hand nicht
    weiß, was die linke tut 52
    Vielfältige Veränderungen.............. 52

Die Hindernisse der Gelassenheitsprüfung und deren Training.......53

Das Vortraben..................................... 54

    Tipps für einen besseren Trab 56

Inhalt

Die Luftballons 57

   Schwierigkeit des Hindernisses 58

Das Stangenkreuz 59

   Häufige Fehler und wie
man sie verhindert 60

Die Müllpassage 61

   Schwierigkeitsgrad
langsam erhöhen 62

Bälle aus der Hecke 62

   Unverhofft kommt oft 63

Das Rückwärtsrichten 64

   Wer das Sagen wirklich hat 64

Die Regenschirme 66

   Richtig heranführen 67

Die Plane 67

   Übung macht den Meister 69

Der Rappelsack 67

   Gefahr in Verzug 70

Das Stillstehen 71

   Ein Blick ins Westernlager 71

Der Trainingsplan für zu Hause 73

Tägliche Bodenarbeit 74

   Disziplin und Gehorsam 74
   Das Hindernis-Training 74
   Ab ins Trainingslager! 75

Wie steht´s mit der
eigenen Gelassenheit? 76

   Zur Ruhe kommen 77
   Das autogene Training 78
   Die progressive
   Muskelentspannung 79
   Andere Entspannungstechniken 79

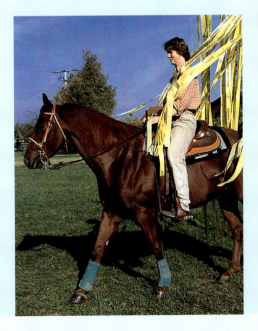

Der Traum vom coolen Pferd

Der Traum vom coolen Pferd

Den Wunsch, ein eigenes Pferd zu besitzen, kann sich heutzutage fast schon jeder erfüllen. Doch die kühnen Jugendträume bewahrheiten sich damit noch lange nicht: Wer hätte nicht von einem heißblütigen schwarzen Hengst geträumt, mit dem man ohne Zaum über die Hügel galoppieren kann? Oder von der „goldenen Stute", die auf großen Turnieren einen Pokal nach dem anderen gewinnt? Wer hat sich nicht schon auf einem feurigen, aber sanftmütigen und coolen Rassepferd reiten sehen, während einem die Zuschauerränge zujubeln – und sei es nur auf einem Reiterumzug des örtlichen Reitvereins?

Die Wirklichkeit sieht oft anders aus. Auch wenn der Traum vom eigenen Pferd in Erfüllung gegangen ist, kann er sich schnell zum Alptraum

Der Traum vom coolen Pferd

wandeln. Das Rassepferd ist ein ausrangierter Traber, ein fauler Haflinger, ein hypernervöses Araberpony oder ein schwerfälliger Warmblüter. Und natürlich ist es anfällig für Koliken, hat ein Überbein, Sehnenprobleme oder Sommerekzem. Von Stellungsfehlern ganz zu schweigen und Rückenprobleme sind einem auch nicht fremd.

Das alles wäre ja noch akzeptabel, wenn sich das Pferd wenigstens anständig reiten ließe und nicht vor jeder Kleinigkeit buchstäblich in die Luft ginge. Schon beim kleinen Breitensport-Turnier verliert es die Nerven, und im Gelände ergreift es die Flucht, wenn es im Gebüsch nur raschelt. Dann wird das Reiten zum Stress anstatt zur Entspannung und die Freude am lockeren Ausritt zur lästigen Pflicht, das Pferd bewegen zu müssen.

Abhilfe kann nur ein fundiertes und fachkundiges Training schaffen, damit die Verständigung zwischen Reiter und Pferd besser funktioniert und sich das Vertrauen festigt. Man kann vielleicht nicht alle Wünsche wahr machen, aber wenn man sich realistische Ziele setzt, geht der eine oder andere Traum doch noch in Erfüllung.

Ein Weg zu diesem Ziel ist die Arbeit mit dem Pferd vom Boden aus. Ein spezielles Ausbildungsgebiet ist hierbei das Training der Gelassenheit, denn nur ruhige Pferde sind aufmerksam und aufnahmefähig. Dies wiederum ist die Voraussetzung für jedes weiterführende Training.

Die FN (Deutsche Reiterliche Vereinigung) hat erkannt, dass gelassene Pferde nicht nur für eine bessere Leistungsfähigkeit ein entscheidender Faktor sind, sondern auch für die Sicherheit im Reitsport allgemein. Darum hat die FN zusammen mit der Zeitschrift „Cavallo" die Gelassenheitsprüfung – kurz GHP – ins Leben gerufen, um das Training zur Scheufestigkeit zu fördern.

Mehr Gelassenheit im Pferdesport

Mehr Gelassenheit im Pferdesport

Der Reitsport ist aufgrund des Faktors Pferd – ein Lebewesen – relativ gefährlich. Dennoch wundert sich mancher, dass die meisten Unfälle mit Pferden nicht beim Reiten, sondern im Umgang mit dem Pferd passieren. Tritte und Schläge von Pferden stehen dabei ganz oben auf der Liste, nicht selten werden auch Bisse als Verletzungsursache verzeichnet. Obwohl man annehmen sollte, dass die größte Gefahr im Reitsport darin liegt, vom Pferd zu fallen, steht dieser Aspekt erst an zweiter Stelle der Unfallliste.

Umgang gefährlicher als Reiten
Beim Umgang mit dem Pferd passieren laut Unfallstatistik von Versicherungen mehr Unfälle als beim Reiten selbst. Deshalb ist eine fundierte Ausbildung im Umgang mit dem Pferd wichtig, um mehr Sicherheit zu erlangen. Dabei kann die Bodenarbeit in all ihren Facetten sehr wertvoll sein.

Mehr Gelassenheit im Pferdesport

Aus dieser Statistik lässt sich schließen, dass der Umgang mit dem Pferd gefährlicher ist als das Reiten an sich. Warum ist das so?

Unfälle und daraus resultierende Verletzungen werden zum einen durch geeignete Schutzmaßnahmen (Reithelm, Handschuhe, Stiefel und anderes Zubehör) verhindert, zum anderen durch eine entsprechend fundierte Ausbildung. Die Ausbildung im Sattel lässt – je nach Reitschule und Ehrgeiz des jeweiligen Reiters – häufig zu wünschen übrig, die Ausbildung der Reiter im Umgang mit dem Pferd vom Boden aus wird in den konventionellen Reitschulen so gut wie nicht praktiziert.

In den seltensten Fällen lehren Reitschulen das korrekte Führen eines Pferdes. Es scheint wichtiger zu sein, den Reitschülern beizubringen, wie man einen Oxer richtig anreitet. Doch die Ausbildung des Reiters im Umgang mit dem Pferd wird vernachlässigt. Gerade dies wäre aber nicht nur im Sinne der Unfallverhütung wichtig, sondern ist auch ein entscheidender Aspekt für die Kommunikation mit dem Pferd. Erst wenn man die natürlichen Verhaltensweisen eines Pferdes kennt, kann man dessen Reaktionen einschätzen und entsprechend reagieren.

Das natürliche Verhalten des Pferdes

Sehr deutlich zu spüren bekommt der Mensch spezielle artspezifische Eigenschaften des Pferdes sowohl im Umgang mit dem Pferd als auch beim Reiten. Dies sind zum einen der Herdentrieb und zum anderen die Flucht-

Pferde sind Flucht- und Herdentiere. Erschrickt ein Pferd, ergreifen alle gemeinsam die Flucht.

Mehr Gelassenheit im Pferdesport

bereitschaft des Pferdes. Weitere Verhaltensweisen lassen sich erklären, wenn man sich vor Augen führt, dass das Pferd nicht nur ein Herden- und Fluchttier ist, sondern auch ein Dauerfresser und Steppenbewohner, der auf Futtersuche ständig in Bewegung ist.

Zudem sollte man wissen, wie das Pferd seine Umwelt wahrnimmt, um die Reaktionen des Vierbeiners einerseits zu verstehen und andererseits möglicherweise vorherzusehen.

So hat das Pferd ein völlig anderes Sichtfeld als der Mensch. Die Anordnung der Augen lässt es zu, dass das Pferd fast einen Rundumblick hat. Nur ein kleiner Bereich hinter ihm und vor ihm ist für das Pferd nicht einsehbar. Bereiche, die das Pferd nur mit einem Auge erblicken kann (alle seitlichen Bereiche), kann es nicht dreidimensional erfassen. Somit ist das Einschätzen von Entfernungen schwierig. Auch sieht das Pferd nicht optimal scharf, was die Scheuneigung verstärkt, dafür kann es Gegenstände in weiter Entfernung ausmachen.

Hör- und Geruchssinn eines Pferdes sind wesentlich besser ausgeprägt als die des Menschen. So kann das Pferd auf Dinge reagieren, die es riecht oder hört und von denen der Reiter zunächst gar keine Kenntnis hat. Man fragt sich dann, weshalb das Pferd ein bestimmtes Verhalten zeigt.

Das Heil in der Flucht

Die Tierwelt lässt sich ganz grob in zwei Kategorien von Tierarten einteilen: Das eine sind Raubtiere, das andere Fluchttiere. Menschen, Katzen und beispielsweise auch Hunde gehören zur ersten Kategorie. Pferde, Kaninchen oder Antilopen – um wiederum nur einige zu nennen – zur zweiten. Raubtiere haben gelernt, ihre Fähigkeiten für die Jagd und den Angriff immer weiter zu verbessern. Fluchttiere hingegen müssen ihrerseits ihre Fluchteigenschaften stetig verfeinern, wenn sie eine Überlebenschance haben wollen.

Hierzu gehört unter anderem die Verbesserung der Reaktionsfähigkeit, also der Schreckhaftigkeit in Verbindung mit der anschließenden schnellen Flucht. Je schneller ein Pferd vom ruhigen Grasen zum rasanten Davonlaufen umschalten kann, desto weniger Chancen hat ein Raubtier, das Pferd zu erlegen. Pferde haben diese Fähigkeit perfektioniert. Und dies ist letztendlich für den Reiter ein Problem.

Umwelt und Lebensbedingungen haben sich für Pferde komplett geändert, ihre Instinkte jedoch sind dieselben geblieben. Deshalb veranlassen unbekannte Geräusche, Gerüche oder Bewegungen ein Pferd vorsichtshalber zur Flucht. Lieber einmal zu oft weglaufen als einmal zu wenig!

Würde sich das Pferd zuerst vergewissern, ob es sich möglicherweise doch nur um einen harmlosen Vogel handelt, der im Gebüsch raschelt, könnte es in seinem natürlichen Lebensraum kaum überleben. Viel zu oft wäre es wahrscheinlich doch ein Raubtier gewesen, was den Tod des Huftiers bedeutet hätte.

Der Fluchtinstinkt erklärt, weshalb Pferde selbst bei geringstem Anlass Hals über Kopf die Flucht ergreifen können. Dass dieses Verhalten in seinem heutigen (unnatürlichen) Lebensraum eher gefährlich ist, kann es selbstverständlich nicht verstehen. Das Pferd denkt ja nicht darüber nach, ob es fliehen soll oder nicht, es tut es instinktiv.

Mehr Gelassenheit im Pferdesport

Deshalb sind Pferde auch heute noch sehr schreckhaft und immer bereit zur Flucht. Da es sich um einen Urinstinkt handelt, wird man ihn weder züchterisch noch ausbildungstechnisch vollständig auslöschen können. Dennoch kann man ihn durch fundiertes Training weitestgehend unter Kontrolle bringen.

Nichts wie weg!
Die Schreckhaftigkeit und die Bereitschaft zur Flucht sind Eigenschaften, die zu den Urinstinkten des Pferdes gehören und für das Überleben der Art notwendig waren. Man kann sie weder durch die Zucht noch durch Ausbildung vollständig auslöschen, aber man kann sie unter Kontrolle bringen.

Schutz durch Artgenossen
Ein weiterer Urinstinkt des Pferdes ist der Herdentrieb, der so manchem Pferdebesitzer zu schaffen macht. So genannte Kleber sind Pferde, die sich nicht oder nur sehr schwer von ihren Artgenossen trennen lassen. Manche Pferde sind nur unter großen Schwierigkeiten von der Gruppe wegzureiten, andere weigern sich, alleine den Hof zu verlassen, und wieder andere machen aus ihrer Box Kleinholz, wenn sie alleine im Stall bleiben sollen. Diese Reaktionen sind nur natürlich, denn die Herde ist für das Pferd ein lebenswichtiger Schutz. Das Bedürfnis, sich innerhalb einer Herde aufzuhalten, ist darum sehr groß. Es ist für ein Pferd noch schwieriger, sich in einem unnatürlichen Lebensraum ohne Artgenossen sicher zu fühlen. Auch hierzu gehört

Die Herde bietet dem einzelnen Pferd die größtmögliche Sicherheit

viel Training, das von Verständnis, Geduld und Einfühlungsvermögen geprägt sein muss.

Der Mensch muss in der Lage sein, sich dem Pferd als „Ersatzherde" anzubieten, was allerdings nicht gerade einfach ist, da er sich oft genug als Raubtier zu erkennen gibt. Da muss man schon viel Pferdeverstand mitbringen, um das Vertrauen des Pferdes zu gewinnen und somit dessen Schutzbedürfnis zu befriedigen.

Unfallsituationen

Die natürlichen Verhaltensweisen und Instinkte des Pferdes sind meist daran beteiligt, wenn es zu Unfällen mit Pferden kommt. Jedes für das Pferd unbekannte Ereignis löst Angst und schließlich Flucht aus. Der Reiter ist nicht mehr in der Lage, die Situation zu beherrschen, indem er das Pferd von der Ungefährlichkeit der Lage überzeugen oder es über Zwangsmaßnahmen (beispielsweise ein scharfes Gebiss) dazu bringen kann, nicht zu fliehen.

Fast alle Freizeitreiter bewegen ihre Pferde im Gelände. Gerade in Feld und Wald kommt es immer wieder zu unvorhergesehenen Situationen, die zu Unfällen führen können. Wenn die Ausbildung von Reiter und Pferd zu wünschen übrig lässt, kann der Ausritt zu einem unkalkulierbaren Risiko werden.

Das Gespenst im Gebüsch

Das berühmte „Gespenst im Gebüsch" kann überall und vor allem plötzlich auftreten. Es handelt sich um unbekannte Geräusche, Bewegungen oder Gerüche, welche sofort den Schutzmechanismus „Flucht" auslösen. Hat das Pferd jedoch gelernt, seinem Reiter zu vertrauen, wird es nicht zwangsläufig sofort die Flucht ergreifen, wenn es mit Unbekanntem konfrontiert wird.

Natürlich gibt es dennoch Situationen, in denen das Pferd erschrickt. So kann ein Fasan auffliegen oder ein Feldhase läuft unvermittelt über den Weg. Nach der ersten Schrecksekunde erkennt das Pferd aber, dass es sich bei diesen Tieren um keine Gefahr handelt. Es wird sich also wieder beruhigen.

Flattert jedoch eine Plane im Wind, kann das Pferd diese Begebenheit nicht einschätzen. Es kann nicht überlegen, welche Gefahr tatsächlich von dieser Plane ausgeht, somit bleibt als einzige logische Reaktion die Flucht. Nun kommt es natürlich auch auf die Erfahrungen, die Ausbildung und den Charakter des Pferdes an, ob es bei der einen oder anderen unvorhergesehenen Situation gleich die Flucht ergreift. Dennoch bilden alle unbekannten Dinge zunächst eine potenzielle Gefahrenquelle.

Laute Maschinen und Straßenverkehr

Traktoren und Mähdrescher auf den Feldern können ein Pferd ebenso das Fürchten lehren wie laute Lkws oder Motorräder. Selbst Autos sind nicht immer harmlos in den Augen eines Pferdes. Motorisierte Ungeheuer tauchen im natürlichen Lebensraum eines Pferdes nicht auf. Die Gewöhnung an Fahrzeuge erfolgt normalerweise schon im Fohlenalter, da Pferde mit diesen Gegebenheiten heutzutage – im für sie unnatürlichen Lebensraum – bereits aufwachsen.

Mehr Gelassenheit im Pferdesport

Früh übt sich: Die Gewöhnung an Traktoren geschieht schon im Fohlenalter, dennoch sind spätere Fluchtreaktionen nicht ausgeschlossen, wenn ein lautes Fahrzeug zu nahe kommt.

Auch wenn Pferde an Fahrzeuge gewöhnt sind, flüchten sie, wenn sie sich von großen, wuchtigen Maschinen bedroht fühlen. Dies geschieht dann, wenn die Individualdistanz des Pferdes unterschritten wird und das Fahrzeug dem Reittier zu nahe kommt. Jedes Pferd hat eine eigene Individualdistanz, innerhalb dieses Bereichs duldet es weder aufdringliche Artgenossen noch unbekannte potenzielle Gefahrenquellen. Die Folge davon: Das Pferd weicht aus.

Wenn sich das Pferd jedoch so bedrängt fühlt, dass Flucht nicht möglich ist, wählt es seine letzte Konsequenz, die aus abwehrenden Reaktionen besteht. Hierzu nutzt es seine Hufe als schlagkräftigste Waffe. Das Pferd kann sowohl nach vorne als auch nach hinten ausschlagen – so manche Beule in einem Auto ist damit erklärt.

Das Pferd wehrt sich auch durch Beißen, wenn ihm die Flucht unmöglich ist. Meist richtet sich die Attacke gegen einen anderen Artgenossen, der ihm zu nahe kommt, oder eben gegen den Menschen.

Was das Pferd nicht kennt ...

Auf alle Situationen, die dem Pferd unbekannt sind, reagiert es zunächst unsicher und ängstlich. Schnell kann sich die Angst zur Panik steigern, und das Pferd versucht zu fliehen. Da diese Reaktion immer mit Gefahren verbunden ist, zielt die Ausbildung des Pfer-

Mehr Gelassenheit im Pferdesport

des darauf ab, die Scheuneigung zu minimieren, um den Fluchtreflex besser kontrollieren zu können.

Junge und unerfahrene Pferde sind natürlich eher Kandidaten dafür, frühzeitig die Flucht vor Unbekanntem zu ergreifen. Es hilft schon, wenn ein routinierter Artgenosse in der Nähe weilt, an dessen Rockzipfel sich das Jungpferd hängen kann. Pferde übernehmen häufig Verhaltensweisen von Artgenossen und lernen auf diese Weise Situationen und Gefahren richtig einzuschätzen.

Damit kann auch erklärt werden, weshalb viele Pferde vollkommen anders reagieren, wenn sie alleine einer Aufgabe gegenüber stehen, als wenn sie in einer Gruppe von Pferden damit konfrontiert sind. Die Pferdegruppe ist mutiger, und bald trauen sich die Ersten beispielsweise einen unbekannten Gegenstand zu untersuchen. Die Angsthasen ziehen nach und bald testen auch sie den Sachverhalt mit ihrer Nase. Alleine jedoch würden sie möglicherweise in einer Ecke stehen bleiben und sich keinen Schritt vorwagen. Hier kommt ganz deutlich die Gruppendynamik zum Tragen, der Herdentrieb des Pferdes ist dabei offenkundig.

Da die arttypischen Verhaltensweisen des Pferdes für den täglichen Umgang und den Einsatz des Reittiers in Sport und Freizeit häufig ein Problem darstellen, kann nur ein konsequentes Training dafür sorgen, dass man die Urinstinkte zumindest unter Kontrolle halten kann. Deshalb sollte jedes Pferd in seiner Grundausbildung ein Scheutraining absolvieren. Um dieses Training zu fördern, wurde auch die Gelassenheitsprüfung erfunden.

Die Idee der Gelassenheitsprüfung

Was für die meisten Westernreiter bereits das tägliche Brot darstellt, zieht immer häufiger auch in den Alltag der konventionellen Reiter ein: Das Scheutraining. Mit der Gelassenheitsprüfung kann jeder Pferdebesitzer schließlich die Scheufestigkeit seines Pferdes testen. Sinn der Sache ist unter anderem, dass Pferdebesitzer mit Hilfe der Gelassenheitsprüfung animiert werden, ihre Pferde einem Scheutraining zu unterziehen.

Mehr Sicherheit für Mensch und Tier

Wenn sich mehr Pferdebesitzer darum bemühen würden, ihre Pferde einem Scheutraining zu unterziehen, könnte man die Unfälle im Umgang mit dem Pferd deutlich minimieren. Der Reitsport muss kein gefährlicher Sport sein, wenn man die entsprechenden Sicherheitsmaßnahmen beachtet und um eine fundierte Ausbildung von Pferd und Reiter bemüht ist.

Hierzu kann die Gelassenheitsprüfung gute Dienste leisten. Weil es sich um eine Prüfung handelt, bei der die Leistung von einem Richter beurteilt wird, sehen viele Pferdebesitzer den Sinn nur darin, sich deshalb auf diese Prüfung vorzubereiten. Sie tun es, um bei der Prüfung erfolgreich zu sein, nicht aber um der Sicherheit willen. Tatsächlich wird mit dem nötigen Training jedoch das Unfallrisiko vermindert, denn die Pferdebesitzer sind über die Gelassenheitsprüfung motiviert, das Scheutraining zu absolvieren und tragen damit zusätzlich – und meist unbewusst – zu ihrer Sicherheit bei.

Mehr Gelassenheit im Pferdesport

> **Über die GHP zum sicheren Umgang**
> Durch die Gelassenheitsprüfung werden viele Pferdebesitzer erst dazu animiert, ein Scheutraining mit ihrem Pferd zu absolvieren. Auf diese Weise will man mehr Sicherheit im Reitsport erreichen.

Was der Gelassenheitspass bringt

Neben dem Sicherheitsaspekt gibt die Gelassenheitsprüfung den Pferden und deren Besitzern ein neues Aufgabengebiet. Somit ist Abwechslung im Trainingsalltag garantiert. Die Prüfung kann sowohl für Freizeitpferde als auch für Turnierpferde eine gute Ergänzung sein.

Wenn man die Prüfung mit einer Note von 1 bis 3 (Schulnotensystem) absolviert, kann man bei der FN den Gelassenheitspass für derzeit 6,50 Euro beantragen. Bis zu sechs Einträge kann man in dem Pass vornehmen lassen. Die Eintragungen selbst sind kostenfrei. Damit erhält man die Bescheinigung, dass man den GHP-Parcours mit Erfolg absolviert hat. Bei einer Note von 4 bis 6 erfolgt kein Eintrag in den Pass.

Nutzen für den Reiter

Neben dem bereits erwähnten Sicherheitsaspekt durch das Scheutraining und der Abwechslung im alltäglichen Umgang mit dem Pferd haben vor allem auch Freizeitreiter hier eine zusätzliche Möglichkeit, sich im sportlichen Wettkampf zu messen. Die Gelassenheitsprüfung ist dabei eine der wenigen Disziplinen, bei denen nicht geritten werden muss. Gerade Freizeitreiter legen häufig nicht allzu großen Wert auf Hochleistung. Viel wichtiger scheint ihnen der Spaß beim Reiten, aber auch im Umgang mit dem Pferd zu sein. Die GHP kommt dieser Zielvorstellung sehr entgegen.

Das Gelassenheitstraining bringt mehr Sicherheit für Mensch und Tier.

Mehr Gelassenheit im Pferdesport

Die GHP ist ein Wettbewerb, der Jung und Alt anspricht.

Selbstverständlich ist die GHP aber auch eine Möglichkeit für den Pferdesportler, die Gelassenheit zu testen und zu trainieren, um eine gute Grundlage für den Turniersport zu erhalten.

Die Gelassenheitsprüfung fördert den Umgang mit dem Pferd vom Boden aus. Dadurch kann sich eine bessere Kommunikation zwischen Mensch und Pferd entwickeln. Diese wiederum ist hilfreich für die Arbeit vom Sattel aus. Daraus resultiert insgesamt eine bessere Harmonie zwischen Reiter und Pferd.

Wettkampf auch für Nichtreiter

Sowohl Freizeit- als auch Turnierreiter können die Vorteile der GHP nutzen – und wenn es lediglich eine Erweiterung des Trainingsprogramms oder einfach nur Abwechslung im Alltag ist. Doch auch Pferdefreunde, die sich nicht im Sattel zu Hause fühlen, können sich im sportlichen Wettkampf messen. Somit eröffnet die FN einer noch größeren Gruppe von Pferdebesitzern die Möglichkeit, sich aktiv und sportlich mit dem Pferd zu betätigen. Die GHP ist als breitensportlicher Wettbewerb initiiert worden, der auch Nichtreiter anspricht.

Mehr Gelassenheit im Pferdesport

Teinehmen können schon Kinder, bei denen allerdings die körperliche und geistige Mindestreife vorausgesetzt werden muss, um bei einer Gelassenheitsprüfung teilzunehmen, wie es in den Statuten der FN festgelegt ist.

Erwachsenen Pferdebegeisterten, die selbst aus verschiedenen Gründen nicht reiten können oder wollen, bietet die Gelassenheitsprüfung eine Plattform, um sich mit dem Pferd der Öffentlichkeit zu präsentieren oder sich mit anderen zu messen.

Profit für den Züchter

Für den Züchter ist die GHP eine Chance in mehrfacher Hinsicht. Zum einen kann er seine Nachzucht schon frühzeitig (ab drei Jahren) der Öffentlichkeit vorstellen, zum anderen seine Pferde über die GHP auch auf Zuchtschauen vorbereiten. Die Tiere lernen schon früh den Trubel auf einem Turnier kennen, was sich durchaus verkaufsfördernd auswirken kann.

Besitzt das zu verkaufende Pferd einen Gelassenheitspass mit guten und sehr guten Noten, kann der potenzielle Käufer eines Pferdes davon ausgehen, dass das Tier den Turniertrubel gelassen hinnimmt. Außerdem kann er damit rechnen, mit diesem Pferd im Gelände einen verlässlichen Partner zu bekommen, da es über den Gelassenheitspass nachgewiesen hat, dass es scheufest ist.

Beides sind zum einen für den Turnierreiter, zum anderen für den Freizeitreiter sehr wichtige Entscheidungskriterien beim Kauf eines Pferdes. Aufgrund dieser verkaufsfördernden Kriterien kann der Züchter seine gelassenheitsgeprüften Pferde besser absetzen und mitunter höhere Preise erzielen.

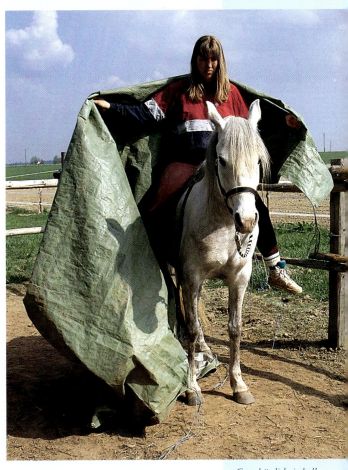

Grundsätzlich sind alle Pferderassen für die GHP geeignet, dennoch spielen Temperament, Charakter und Typ eine große Rolle, ob ein Pferd von Grund auf eher schreckhaft oder ausgeglichen ist.

Welche Pferde sind geeignet?

Für die Gelassenheitsprüfung zugelassen sind Pferde aller Rassen ab einem Alter von drei Jahren. Vorausgesetzt wird, dass die Pferde gesund sind und einen guten Allgemeinzustand aufweisen. Dazu gehört auch, dass die Pferde gepflegt (geputzt) und die Hufe in einem ordentlichen Zustand sind.

Zusätzlich müssen die teilnehmenden Pferde eine Influenza-Schutzimpfung nachweisen (die Grundimmunisierung muss abgeschlossen sein) und haftpflichtversichert sein.

Mehr Gelassenheit im Pferdesport

Typen, Rassen und Charaktere

Ob ein Pferd eine gewisse Grundgelassenheit an den Tag legt oder eher schreckhaft auf verschiedene Situationen reagiert, hängt von vielerlei Faktoren ab. Neben bestimmten Erfahrungswerten, Fütterungspraktiken sowie Alter und Ausbildungsstand des Pferdes verfügt jedes Pferd über ein angeborenes Temperament. Die genetische Veranlagung, welche den Typ, den Charakter und das Temperament in seinen Grundzügen festlegt, kann selbst durch das beste Training nur bedingt beeinflusst werden.

Die Zucht hat darum großen Anteil an der Grundkonstitution des Pferdes, sie bildet Charakter, Typ und Temperament aus. Bestimmte genetische Merkmale sind auch rasseabhängig. So sagt man beispielsweise Arabern eine gewisse Sensibilität und Nervigkeit nach, während der Haflinger meist ein Vertreter von Nervenstärke, aber gelegentlich auch Sturheit ist. Natürlich bestätigen Ausnahmen die Regel, dennoch kann man Tendenzen feststellen.

Ohne jegliches Training kann ein nervenstarkes Pferd den Parcours der Gelassenheitsprüfung möglicherweise ohne mit einer Wimper zu zucken absolvieren. Ein sensibles Tier hingegen kann trotz vieler Mühen und intensivem Üben immer noch schreckhaft sein. Deshalb ist die GHP für den Züchter auch besonders interessant, um die grundsätzliche Gelassenheit seiner Pferde auszutesten und die dabei gewonnenen Erkenntnisse bei der Auswahl der Anpaarung berücksichtigen zu können.

Nur für Freizeitreiter?

Die GHP wird nach wie vor hauptsächlich von Freizeitreitern angenommen, während Sportreiter und Züchter dieser Prüfung eher zurückhaltend gegenüber stehen. Erst wenn gute Turnierpferde einen Sieg verschenken, weil sie vor der Bandenwerbung erschrecken, oder Züchter ihre Pferde nicht mehr absetzen können, wird wohl die Notwendigkeit des Scheutrainings erkannt werden!

Bislang wird die Gelassenheitsprüfung meistens von Freizeitreitern angenommen, die das Angebot zur Abwechslung nutzen. Die Motivation zum Training für die Gelassenheitsprüfung kann jedoch von Natur aus eher schreckhafte Pferde zu gelasseneren und somit sichereren Partnern machen. Somit ist die Gelassenheitsprüfung für jedes Pferd geeignet – denn ob nervenstark oder sensibel, Sport- oder Freizeitpferd, das Training nützt jedem.

Das Gelassenheitstraining

Das Gelassenheitstraining

Ob man sich nun auf die Gelassenheitsprüfung vorbereiten oder sein Pferd grundsätzlich einem Scheutraining unterziehen möchte, ist für die Art der Arbeit gleichgültig. Es gelten immer dieselben Grundsätze, die es beim Training zu beachten gilt. Bei falsch durchgeführtem Scheutraining kann die Angst eines Pferdes vor furchteinflößenden Gegenständen oder Situationen sogar verstärkt werden.

Das Training muss stets auf der Basis des Vertrauens aufgebaut werden, andererseits muss das Pferd den Menschen aber auch als ranghöheres Herdenmitglied respektieren.

Der Westernreiter kennt das Scheutraining auch unter dem Namen „Aussacken". Es gehört bei den Westernreitern grundsätzlich zur Basisausbildung eines jeden Pferdes, um das Reittier scheufest und somit für den Reiter sicherer zu machen. Das Pferd wird dabei schon in jungen Jahren an verschiedene furchteinflößende Dinge gewöhnt. Hat das Tier gelernt, dass es

Das Gelassenheitstraining

Die Ausrüstung für die Bodenarbeit

Die richtige Ausrüstung bei der Arbeit mit Pferden ist für die Unfallverhütung und eine unmissverständliche Kommunikation zwischen Mensch und Tier unerlässlich. Wichtig ist die Wahl des Platzes, auf dem das Training stattfinden soll. Je nachdem welche Lektionen man üben möchte, ist ein sicheres Trainingsareal von großer Bedeutung.

Üben Sie immer auf umzäuntem Terrain, sodass ein Pferd, das vor einem Hindernis erschrickt, nicht gleich auf die nächste Straße läuft. Ideal ist natürlich ein umzäunter Reitplatz oder eine Reithalle. Selbstverständlich tut es aber auch eine Koppel oder ein Paddock.

Beim Aussacktraining sollte das Pferd nicht angebunden sein. Erschrickt das Tier trotz größter Umsicht doch einmal, könnte es sonst panisch am Anbindestrick zerren, sich verletzen oder gar ein Trauma erleiden. Das Pferd könnte aufgrund dessen zukünftig bereits panisch reagieren, wenn es nur angebunden wird.

Das Scheutraining kennen die Westernreiter unter der Bezeichnung „Aussacken". Mit viel Geduld werden die Pferde an furchterregende Gegenstände gewöhnt.

Halfter und Führstrick

Für das Scheutraining wird das Pferd mit einem stabilen Halfter und Führstrick ausgestattet. Das Halfter muss dem Pferd selbstverständlich korrekt passen. Es darf vor allem nicht zu tief auf der Nase liegen, sodass ein Zug am Führstrick dem Pferd die Luft abschnürt, weil der Nasenriemen drückt. Empfehlenswert sind an Genick und Nase gepolsterte Halfter.

Der Führstrick darf keinen Panikhaken (dies wäre ein Anbindestrick), sondern sollte einen stabilen Karabiner-

nichts zu befürchten hat, wenn eine Plastikplane am Wegesrand flattert oder auf der Straße ein Lkw vorbeidonnert, ist eine vertrauensvolle Zusammenarbeit gewährleistet.

Um Fehler im Vorhinein zu vermeiden, durch die eher noch mehr Angst geschürt werden kann und das Vertrauen verloren geht, muss man das Training korrekt planen und aufbauen.

Das Gelassenheitstraining

Junge und ungestüme Pferde sollten besser mit eingeschnallter Führkette gearbeitet werden. Für die Führperson sind Handschuhe und festes Schuhwerk Pflicht.

haken haben. Dickere Führstricke, wie sie die Westernreiter bevorzugen, liegen meist besser und sicherer in der Hand als dünne Stricke. Der Führstrick darf allerdings nicht elastisch sein. Vermeiden sollte man ebenfalls starre Stricke.

Der Führstrick sollte so lang sein, dass man ihn in einigen Schlaufen aufgerollt bequem halten kann. Achten Sie in jedem Fall darauf, dass Sie sich den Strick nicht um die Hand wickeln. Sollte das Pferd erschrecken, könnte sich der Strick festziehen und Finger und Hand quetschen. Die Führperson kann außerdem nicht mehr loslassen und wird im schlimmsten Fall vom Pferd mitgeschleift, wenn es erschrocken davonläuft.

Niemals um die Hand wickeln!

Die Schlaufen des Führseils sollten so getragen werden, dass sie bei einem Ruck des Pferdes durch die Hand rutschen. Wickelt man sie jedoch um die Hand, ziehen sich die Schlaufen fest und man kann nicht mehr loslassen. Tödliche Unfälle können die Folge sein.

Das Gelassenheitstraining

Wenn Sie ein junges, stürmisches Pferd haben, schnallen Sie zum stabilen Stallhalfter lieber noch eine Führkette ein, die durch den unteren Halfterring gezogen, weiter zum seitlichen Ring, über die Nase (dort einmal über den Halfternasenriemen geschlungen) und durch den äußeren seitlichen Ring zum oberen Halfterring geführt wird. So eingeschnallt hat man eine sehr gute Einwirkung auf das Pferd. Die Kette darf nicht zu lang sein, damit die Führhand nicht die Kette anfassen muss, sondern das Führseil greifen kann. Bekommt man anstatt des Stricks die Kette zu fassen, kann man sich wiederum böse verletzen, wenn das Pferd ruckartig zieht. Denken Sie aber daran, dass ein harter Zug dem Pferd schon große Schmerzen bereiten kann, und setzen Sie deshalb Ihre Impulse mit der Führleine sehr dosiert ein.

Natürlich können Sie anstatt der Führkette auch einen Trensenzaum verwenden. Damit Sie nicht mit zwei Zügeln hantieren müssen, können Sie in die Trensenringe eine so genannte Longierbrille einschnallen und daran einen stabilen Führstrick befestigen.

Für die GHP ist eine korrekt eingeschnallte Führkette statthaft, ebenso eine richtig verschnallte Trense. Das Führen mit Trensenzäumung ist aus Sicherheitsgründen sowohl im Training als auch in der Prüfung durchaus empfehlenswert. Führt man das Pferd mit englischer Zäumung und geschlossenen Zügeln, muss die Zügelschnalle geöffnet werden. Geschlossene Zügel stellen ein Sicherheitsrisiko dar, weil das Pferd in die Schlaufe treten könnte. Besser sind so genannte Split-Reins, wie sie die Westernreiter benutzen, da diese offen und länger sind. Außerdem werden Verletzungen vorgebeugt, da Westernzügel glatt gearbeitet sind und keine Ledernoppen haben, an denen man mit den Fingern hängen bleiben könnte.

Sinnvolle Kleidung

Strapazierfähige und bequeme Kleidung ist für das Training mit dem Pferd nicht nur praktisch, sondern auch sicherheitstechnisch sinnvoll. Dazu gehört insbesondere festes Schuhwerk, bevorzugterweise Schuhe mit einer Stahl- oder Kunststoffkappe. Diese Sicherheitsschuhe verhindern blaue Zehen, wenn das Pferd mit seinen Hufen dem Menschen auf die Füße treten sollte.

Zu weite Kleidung sollten Sie vermeiden, um damit nicht irgendwo hängen zu bleiben. Ebenso wenig sinnvoll ist zu enge Kleidung, die die Bewegungsfreiheit einschränkt.

Auch wenn der Sommer noch so heiß ist: Trainieren Sie nie mit kurzen Hosen und Shirts mit so genannten Spaghetti-Trägern. Es muss nicht viel passieren, damit man sich die schutzlosen Knie und Schultern aufschürft!

Zur Standardausrüstung für die Arbeit am Boden – ob Führtraining oder Longieren – gehören in jedem Fall Handschuhe. Wie schnell ist es passiert, dass einem das Pferd den Führstrick durch die Hand zieht! Ohne entsprechenden Schutz durch feste Handschuhe kann man sich sehr schnell schlimme Verbrennungen zuziehen.

Festes Schuhwerk ist ebenso ein Muss, und zwar nicht nur bei der Bodenarbeit und beim Scheutraining, sondern bei jeglichem Umgang mit dem Pferd.

Das Gelassenheitstraining

> **Sicherheit für Hand und Fuß**
> Wie der Reithelm als obligatorischer Ausrüstungsgegenstand des Reiters angesehen wird, sind für die Bodenarbeit Handschuhe und festes Schuhwerk ebenso wichtige Utensilien, um den Umgang mit dem Pferd sicher zu gestalten. Werden Sie in Sicherheitsfragen nicht nachlässig, auch wenn noch nie etwas passiert ist. Einmal wird immer das erste Mal sein und ist in jedem Fall einmal zu viel!

Ein Helm als Kopfschutz schadet nie, auch nicht bei der Arbeit am Boden. Für Kinder und Jugendliche bis zu 14 Jahren besteht bei der Gelassenheitsprüfung sogar Helmpflicht. Bei warmem Wetter schützt eine Kopfbedeckung vor der Sonneneinstrahlung.

> **Sicherheit bei der Bodenarbeit**
> Tragen Sie bei der Bodenarbeit folgende Sicherheitsausrüstung:
> - Festes Schuhwerk, am besten mit Stahlkappe
> - Lange, bequeme Hosen
> - Nicht zu enge oder zu weite Oberbekleidung
> - Keine schulterfreien Shirts
> - Handschuhe sind Pflicht!
> - Ein Reithelm schadet auch bei der Bodenarbeit nicht

Zusatzausrüstung

Empfehlenswert ist es, wenn man das Pferd bei der Arbeit am Boden mit Gamaschen oder Bandagen ausstattet, insbesondere wenn man mit Stangen arbeitet, über die das Pferd treten soll. Bei der Gelassenheitsprüfung gehört ein Stangenquadrat zum Parcours. Das Pferd soll dabei übers Eck in das Quadrat treten und dieses auf der gegenüberliegenden Seite wieder verlassen. Dabei muss es seine Hufe behutsam aufsetzen. Auch vorsichtige Pferde können mit den Beinen anschlagen und sich möglicherweise sogar verletzen. Vor solchen Schlagverletzungen schützen Gamaschen oder Bandagen.

Da das Bandagieren nicht so einfach und relativ aufwändig ist, sind Gamaschen empfehlenswerter. Nicht sorgfältig angebrachte Bandagen können außerdem rutschen, zu fest gewickelte hingegen die Blutzirkulation abschnüren.

Für das Training zu Hause können Sie eine längere (Dressur-) Gerte von etwa 1,20 Metern als „verlängerten Arm" benutzen. In der GHP ist eine Gerte nicht erlaubt. Benutzen Sie die Gerte aber nicht als Strafinstrument. Das Pferd soll schließlich keine Angst vor der Gerte bekommen. Machen Sie sich auch nicht von der Gerte abhängig. Wenn das der Fall ist, wird Ihr Pferd ohne Gerteneinsatz nicht mehr bereit sein, die geforderten Aufgaben zu erfüllen. Das gilt selbstverständlich auch fürs Reiten.

Gertenabhängig wird der Reiter oder Pferdeführer dann, wenn die Hilfen vor allem mit der Gerte gegeben werden und versäumt wurde, das Pferd darauf auszubilden, auf minimalisierte Hilfen zu reagieren. Um eine Abhängigkeit von der Gerte (oder auch Sporen beim Reiten) zu vermeiden, müssen stets sensiblere Hilfen (Stimme, Schenkeldruck, Fingerzeig) vorausgehen. Erst wenn die gewünschte Reaktion nicht erreicht wird, muss die Hilfe mit der Gerte (beziehungsweise den Sporen)

Das Gelassenheitstraining

Eine Gerte kann als „verlängerter Arm" gute Dienste leisten.

verstärkt werden. Im Laufe der Zeit wird jedes Pferd erkennen, dass es besser ist, schon auf die feine Hilfe zu reagieren, da sich der Mensch in jedem Fall per Gerte oder anderen Zwangsmaßnahmen durchsetzen wird. Irgendwann geht der so erreichte Gehorsam in Routine über, womit die Gerte überflüssig wird.

Heranführen an furchterregende Hindernisse

Es ist durchaus nicht unbedeutend, in welcher Form ein Pferd das erste Mal mit einer unbekannten Situation oder einem angsterregenden Gegenstand konfrontiert wird. Wenn die erste Begegnung negativ verlaufen ist, wird sich dieses Erlebnis fest im Gehirn des Pferdes verankern und zukünftig verstärkte Angstreaktionen hervorrufen. Das kann der Fall sein, wenn das Pferd vor einem Gegenstand erschrickt, wegspringt und sich dabei verletzt. Es kann aber auch sein, dass der Reiter hart und ruckartig am Zügel zieht, weil das Pferd vor Schreck weggesprungen ist.

Selbst zu hoher mentaler oder auch körperlicher Druck kann die Angst vor bestimmten Aufgaben, Dingen oder Situationen verstärken. Wenn ein Pferd unsicher ist, eine Plane zu überqueren,

Das Gelassenheitstraining

und der Reiter oder Pferdeführer macht mit der Gerte zu viel Druck, schürt er die Angst nur noch mehr. Dabei kann es passieren, dass das Pferd nun vollends blockiert und immer weniger bereit ist, sich der Aufgabe zu stellen.

Da Pferde auf bestimmte Situationen sehr unterschiedlich reagieren können, sollte man keine Perfektion erwarten, sondern lediglich eine Verbesserung anstreben. Die Trainingstechnik richtet sich dabei nach dem jeweiligen Pferd – nach Typ, Vorbildung und bisherigen Erfahrungswerten. Dies erfordert ein gutes Einfühlungsvermögen des Ausbilders.

> **Verbessern – nicht perfektionieren**
> Das Ziel des Trainings ist stets, eine Verbesserung zu erreichen. Beenden Sie das Training immer mit einem positiven Ergebnis. Verlangen Sie aber keine Perfektion, denn dies würde das Pferd überfordern und dadurch ein schlechtes Ergebnis zur Folge haben.

Reaktionen unterschiedlicher Pferdetypen

Robuste Pferderassen wie Haflinger, Norweger, Shetlandponys oder Kaltblüter sind in der Regel recht cool, wenn es darum geht, neue Aufgaben zu meistern. Sie sind nur schwer aus der Ruhe zu bringen. Man hat den Eindruck, dass viele Einflüsse von außen an ihnen regelrecht abprallen.

Zu den sensibleren Pferdetypen gehören Rassen wie Vollblüter, Traber, Araber und Warmblüter. Schon die kleinste Bewegung kann ein Pferd dieses Typs zur Panik veranlassen. Selbstverständlich gibt es auch unter diesen Rassen recht besonnene Pferde, trotzdem ist eine deutlich höhere Sensibilität die Regel.

Zunächst gilt es festzustellen, mit welchem Pferdetyp man es zu tun hat. Nur dann kann man das Training richtig aufbauen und heikle Situationen meistern. Nehmen wir einmal an, dass ein Pferd zum ersten Mal mit einer Plane konfrontiert wird. Das Pferd weigert sich, die Plane zu überqueren. Nun fragt man nach dem Warum: Hat

Haflinger sind meist recht nervenstark, dafür versuchen sie auch des öfteren, ihren Dickkopf durchzusetzen.

Das Gelassenheitstraining

es Angst, oder ist es einfach nur nicht gewillt, sich mit der Aufgabe auseinander zu setzen? Die Antwort auf diese Frage ist entscheidend für das weitere Vorgehen des Ausbilders.

In der Regel ist es recht einfach zu erkennen, ob das Pferd ängstlich ist oder einfach nur nicht will. Unruhiges Hin- und Hertänzeln, deutliches Wegdrängen, aufgerissene Augen, Zittern und deutliches Schnauben sind immer Anzeichen von echter Angst.

Unwillige Pferde hingegen stemmen die Beine in den Boden und geben sich desinteressiert und geistig abwesend. Die Pferde auf der nahen Koppel oder vorbeifahrende Autos sind da schon interessanter als die Plane. Sture Pferde zeigen keinerlei Interesse an dem vermeintlich furchterregenden Gegenstand.

Pferde in zwei verschiedene Kategorien einzuteilen erscheint recht einfach und nachvollziehbar. Dennoch: Ganz so simpel ist es nicht. Es gibt auch Mischtypen, die zwar einerseits eine gewisse Unsicherheit an den Tag legen, sich andererseits aber auch nicht anstrengen wollen, um sich mit der Situation auseinander zu setzen. Hinzu kommt die Frage, weshalb ein Pferd beispielsweise Angst vor der Plane hat. Sind schlechte Erfahrungen der Grund? Oder lediglich Unkenntnis? Strahlt der Pferdeführer eine gewisse Unsicherheit aus und überträgt somit seine Haltung auf das Pferd? Letzteres ist gar nicht mal so selten und ist auch der Grund dafür, dass die Pferdebesitzer ihre Tiere oft völlig falsch einschätzen. Versuchen Sie deshalb möglichst mit einem guten Trainer, ihr Pferd und die jeweilige Situation zu analysieren, bevor Sie mit dem Training starten.

Verhaltensanalyse
Bevor Sie eine Trainingsstrategie entwerfen können, müssen Sie wissen, **warum** Ihr Pferd auf bestimmte Situationen die jeweilige Reaktion zeigt. Nicht selten überträgt nämlich der Mensch völlig unbewusst sein Verhalten auf das Pferd.

Wie nimmt man dem Pferd die Angst?
Sind Sie ganz sicher, dass Ihr Pferd tatsächliche Angst vor einer bestimmten Situation hat? Tanzt es Ihnen bestimmt nicht auf der Nase herum? Dann müssen Sie zunächst einmal viel Geduld aufbringen und das Scheutraining vorsichtig und behutsam angehen.

Es ist sinnvoll, zunächst ein gut durchdachtes Aussacktraining zu absolvieren, um grundsätzlich einmal das Vertrauen des Pferdes zu gewinnen und zu festigen. Bauen Sie das Training stets „vom Leichten zum Schweren" auf. Das bedeutet, dass das Pferd nicht gleich mit einer riesigen, furchteinflößenden Plane konfrontiert werden soll, sondern zunächst mit einer kleinen Plastiktüte (in der vielleicht sogar noch der eine oder andere Leckerbissen in Form eines Apfels oder einer Karotte steckt).

Statten Sie Ihr Pferd mit einem stabilen Halfter und Führstrick (kein Panikhaken) aus, suchen Sie sich einen ruhigen und sicheren Ort (nicht gerade die belebte Stallgasse, in der in unmittelbarer Nähe Schubkarren und Mistgabeln stehen) und nehmen Sie sich Zeit – viel Zeit!

Wenn alles vorbereitet ist, kann das Training gestartet werden. Man nähert sich dem Pferd mit der kleinen Tüte und zeigt sie ihm, indem es das raschelnde Plastik mit der Nase untersuchen darf. Langsam versucht man nun, den Hals mit der Tüte abzustreichen. Später geht man zu Schulter, Rücken und schließlich zum Bauch und den Beinen über. Jeder weitere Schritt ist aber nur dann erlaubt, wenn das Pferd seine Angst abgelegt hat und die Situation akzeptiert.

Zeigt das Pferd Angstreaktionen, drängt es weg, wirft den Kopf hoch, zittert oder schnaubt deutlich, muss man die Konfrontation zurückfahren. Durch mehrfache Wiederholungen erkennt das Pferd, dass keine Bedrohung von dem jeweiligen Gegenstand ausgeht, und beginnt, die Angst abzubauen. Man sollte täglich etwa 15 bis 20 Minuten trainieren und die Übungen mit einem guten Ergebnis einstellen.

Am nächsten Tag beginnt man wieder mit einer Aufgabe, die das Pferd bereits beherrscht. Beim Aussacktraining wird das Reittier mit einem Gegenstand konfrontiert, den es schon gut akzeptiert. Schließlich geht man zu größeren Kalibern über und verfährt damit entsprechend.

> **Merke:**
> Geduld ist insbesondere bei ängstlichen Pferden der Schlüssel zum Erfolg!

Man kann keine Aussage darüber machen, wie lange es dauert, bis ein Pferd den einen oder anderen Gegenstand duldet. Dies ist von Pferd zu Pferd stets unterschiedlich und kommt auf viele Faktoren an. Die Erfahrung des Pferdes spielt ebenso eine Rolle wie die mögliche nervliche Belastung. Auch die Tagesform ist entscheidend, sodass man sich nicht wundern darf, wenn es an einem Tag klappt und das Pferd am nächsten Tag vor demselben Gegenstand wieder scheut. Haben Sie immer Geduld mit einem ängstlichen Pferd und verlieren Sie nie die Beherrschung! Nur mit viel Ruhe und Geduld kommt man hier ans Ziel. Scharfe Worte oder gar Strafen sind

Zunächst darf das Pferd die Plane begutachten, bevor der Ausbilder versucht, das Pferd mit der Plane abzustreichen.

Das Gelassenheitstraining

Eine zu schnelle Vorgehensweise macht das Pferd ängstlich und verleitet es zum Ausweichen.

Das Pferd versucht daraufhin wegzulaufen.

muss man sich als Pferdebesitzer abfinden und sich mit der Gegebenheit arrangieren. Es ist wichtig, die (psychischen) Grenzen des Pferdes zu erkennen. Man kann bis an diese Leistungsgrenze heranarbeiten, sollte sie aber nicht überschreiten, da man damit nur Misserfolge erreichen wird. Dies erfordert eine genaue Pferdekenntnis, viel Erfahrung und Einfühlungsvermögen. Lassen Sie sich von Fehlschlägen aber nicht demotivieren. Oft benötigt das Pferd eben nur viel Zeit.

vollkommen fehl am Platz, weil das Vertrauen gefördert und nicht erschüttert werden soll.

Manchmal kann die Geduld des Pferdebesitzers auf eine harte Probe gestellt werden. Es gibt Situationen, die ein Pferd niemals ganz akzeptieren kann. Eine gewisse Unsicherheit wird in solchen Fällen immer bleiben, damit

„Nein, meine Suppe ess' ich nicht!"
Einer völlig anderen Situation steht man gegenüber, wenn das Pferd keinerlei Angstsymptome zeigt, sondern einfach nur nicht will. Die Gründe hierfür können sehr unterschiedlich sein. Neben den speziellen Charaktereigenschaften des Pferdes, die eine gehörige Portion Selbstbewusstsein und Sturheit einbeziehen, besteht auch eine gewisse Wahrscheinlichkeit, dass das Pferd sich mit der Aufgabe nicht befassen will. Es kann daran liegen, dass sich das Pferd überfordert fühlt oder eben durch Desinteresse einer schwierigen Aufgabe aus dem Weg gehen möchte.

Welche Tatsachen dem Verhalten des Pferdes auch immer zugrunde liegen, fest steht, dass das Pferd in jedem Fall seine Grenzen auslotet. Wie weit kann es gehen? Welchen Druck wird der Pferdebesitzer aufwenden, um seine Forderung durchzusetzen? Ist der Mensch stärker als das Pferd? Wann gibt er auf? Das Pferd stellt die Dominanz seines Besitzers in Frage. Je nachdem, wie der Mensch nun reagiert, werden die Grenzen der Rangfolge neu gezogen.

Das Gelassenheitstraining

Der Mensch führt das Pferd – nicht umgekehrt. Das ängstliche Pferd folgt seinem „Boss" vertrauensvoll, das selbstbewusste Pferd zeigt Respekt.

Ist es sicher, dass das Pferd keine Angst vor der Aufgabe hat, dann ist es wichtig, die Forderung, die man an das Tier stellt, auch durchzusetzen. Besonders kluge Pferde wissen genau, was sie mit ihrer Sturheit erreichen können. Nicht selten gibt der Reiter entnervt auf und bringt das Pferd in den Stall. Das ist genau das Ziel, welches das Pferd erreichen wollte.

Wer ist der Boss?

Wenn man eine Anforderung an sein Pferd stellt, muss man diese auch durchsetzen. Ist man sich nicht sicher, dass man dieser Aufgabe gewachsen ist, sollte man es erst gar nicht versuchen. Ansonsten büßt man die Dominanz über das Pferd ein!

Wenn man ein sehr selbstbewusstes Pferd sein Eigen nennt, bleibt einem nichts anderes übrig, als stets konsequent seine Forderungen durchzusetzen. Jede Nachgiebigkeit kann dazu führen, die Dominanz über das Pferd zu verlieren. Bleiben Sie also auf Ihrer Forderung bestehen und übertrumpfen Sie die Sturheit Ihres Pferdes durch Ihre Geduld und Konsequenz.

Leitstute Mensch

Ob ängstliche oder sture Pferde – es ist immer wichtig, als Mensch die Führungsposition einzunehmen. Das furchtsame Pferd kann sonst kein Vertrauen fassen und das selbstbewusste Pferd wird einen an der Nase herumführen. Erkennt ein ängstliches Pferd, dass der Ausbilder selbst unsicher ist, wird es ihm kaum mehr vertrauensvoll folgen, sondern die Aufgabe vehement verweigern. Darum ist ein sicheres, souveränes und bestimmtes Auftreten des Menschen sehr wichtig.

Sensible Pferde suchen sich einen Partner, an den sie sich klammern können. Das kann sowohl ein Artgenosse als auch der Mensch sein. Wichtig ist nur, dass es ihm vertrauen kann. Als Herdentier wird es seinem Kumpel überall hin folgen und sich dabei sicher fühlen. In der freien Natur übernimmt eine meist ältere, erfahrene Stute die Führungsposition innerhalb einer Herde. Dieser Stute folgen alle anderen Pferde, weil sie sich unter ihrer Obhut sicher fühlen. Die Leitstute sorgt dafür, dass die Herde an sicheren Orten grasen kann, und führt die Artgenossen an, wenn der Weideplatz gewechselt wird. Sollte die Leitstute ihre Artgenossen einmal enttäuschen und die Herde an einen gefährlichen oder unergiebigen Futterplatz führen, wird sie das Vertrauen der Herdenmitglieder schnell verlieren und somit auch ihre Führungsposition.

Selbst sture und sehr selbstbewusste Pferde akzeptieren die Position der Leitstute. Sie weist besonders verwegene Wildlinge in die Schranken und fordert entsprechenden Respekt. Oft reicht hierzu, dass die Leitstute die Ohren anlegt, um einen allzu frechen Artgenossen zur Ordnung zu rufen. Manchmal aber muss sie mit härteren Geschützen auffahren. Es kann dann schon mal ein Biss oder Tritt sein, der notwendig ist, um den Aufmüpfigen zu disziplinieren.

Der Mensch muss sich am Verhalten der Leitstute orientieren, will er als Partner des Pferdes die Alphaposition innehaben. Schon um der Sicherheit willen ist es notwendig, dass man als Mensch die ranghöhere Position einnimmt. Das sture Pferd lehrt man damit ein diszipliniertes Verhalten, dem ängstlichen gibt man das notwendige Vertrauen.

Wer ist der Boss im Ring?

Es gibt Pferde, die ihren Besitzer sehr gut erzogen haben. In solchen Beziehungen bestimmt das Reittier, wann die letzte Runde galoppiert wird oder wer zuerst durch eine enge Türe geht. Das erste Maul voll Kraftfutter ergattert sich der Vierbeiner noch bevor der Futtermeister die Schüssel in den Trog entleert hat und auch das Bein wird zum Hufekratzen nur so lange angehoben, wie's dem Zossen beliebt. Der Pferdebesitzer merkt oft gar nicht, dass ihm sein Reittier auf der Nase herumtanzt. Beide – Pferd und Mensch – sind mit solchen Situationen sogar meistens rundum zufrieden. In der Regel schätzt der Pferdebesitzer aber die Reaktionen seines Vierbeiners völlig falsch ein.

Wenn das Tier seine Übungsaufgaben auf dem Reitplatz leid ist, heißt die Interpretation des Reiters oft „Jetzt kann er nicht mehr". In der Pferdeausbildung ist dies eine wichtige Schlüsselfrage: „Kann oder will das Pferd nicht?" Die Antwort auf diese Frage entscheidet über die Vorgehensweise des Ausbilders. Allzu häufig hat der Vierbeiner nur die Nase voll von der Arbeit und schaltet auf stur. In dieser Situation muss sich der Reiter aber

Das Gelassenheitstraining

nun konsequent durchsetzen, um seine Alphaposition nicht abzugeben. Weitere Überlegungen sollten aber angestellt werden: Warum will das Pferd nicht mehr? Ist die Übung zu eintönig? Hat man zu häufig wiederholt? Ist die Aufgabe zu schwierig oder zu einfach? Nur ein abwechslungsreiches, forderndes (nicht überforderndes) Training wird ein Pferd mit Freude absolvieren. Dann kommt es vielleicht erst gar nicht in die Lage zu sagen „Ich will nicht mehr".

> **Zwischen Wollen und Können**
> Verweigert ein Pferd eine Aufgabe, muss der Ausbilder erkennen können, ob das Tier nur nicht will oder ob es möglicherweise gar nicht kann. Nur dann kann der Pferdebesitzer richtig reagieren.

Stellen Sie also insbesondere bei sehr selbstbewussten Pferden sicher, dass Sie der Boss im Ring sind! Ansonsten sind Sie dem Gutdünken Ihres Pferdes ausgeliefert.

Problemfälle

Wie schon erwähnt, ist es nicht immer so einfach, Pferde in schwarz und weiß – sprich stur und ängstlich – einzuteilen. Dies kann nur eine grobe Richtlinie sein. Das Verhalten des Pferdes in bestimmten Situationen liegt nicht nur im jeweiligen Charakter begründet, sondern hängt zusätzlich von vielerlei Aspekten ab.

Nicht selten kommen mehrere Faktoren zusammen, und das Individuum Pferd lässt sich nicht einfach in eine Schublade einordnen. Sie sollten sich also vor der Arbeit Gedanken machen, damit Sie beim Umgang mit dem Pferd keine Fehler machen, die Sie hinterher bereuen würden. Stets ist zu überlegen, welche Gründe das Verhalten eines Pferdes haben könnte, aber urteilen Sie nicht vorschnell. Jedes Fehlurteil führt zu falschen Reaktionen, was den Trainingserfolg vereitelt. Ziehen Sie im Zweifel den Rat eines erfahrenen Pferdetrainers hinzu.

Fütterungs- und Haltungsfehler

Die seelische und körperliche Ausgeglichenheit eines Pferdes ist von den Haltungs- und Fütterungsbedingungen abhängig. Die Verfassung des Pferdes beeinflusst sein Verhalten sehr stark. Auch Pferde können missgestimmt und launisch sein und daraufhin zu Trotzreaktionen neigen. Schlechte Laune kann sich breit machen, wenn das Pferd Hunger hat oder die anderen sich auf der Weide tummeln dürfen, während

Die richtige Fütterung trägt viel zum Wohlergeben und Ausgeglichenheit des Pferdes bei.

Das Gelassenheitstraining

Pferde, die haltungstechnisch schon mit vielen Umweltreizen konfrontiert werden, sind meist weniger schreckhaft.

es selbst auf dem Reitplatz arbeiten soll. Es gibt viele Gründe für die unterschiedlichsten Stimmungen. Nicht zu vergessen sind auch Witterungseinflüsse und die allgemeine Tagesform. Häufig sind Pferde bei starkem Wind recht aufgedreht, sodass sie verstärkt zum Scheuen neigen. Heißes und schwüles Wetter schlägt ebenso auf die Psyche, wirkt sich aber eher so aus, dass Tier und Mensch niedergeschlagen und schlapp sind.

Tagesform
Nicht nur Menschen, sondern auch Pferden kann das Wetter zu schaffen machen. Depressive Verstimmungen bei trübem und nasskaltem Wetter oder Abgespanntheit an schwülen Tagen können bei Mensch und Pferd gleichermaßen typische Symptome sein. Das Wetter kann die Tagesform aller Lebewesen beeinflussen.

Das Gelassenheitstraining

Isolation von Artgenossen, zu wenig Bewegungsmöglichkeiten, zu dunkle Stallungen und wenig Umweltreize sind die Hauptursachen psychischer Probleme. Sie steigern die Scheuneigung und Nervosität deutlich. Mit einer möglichst artgerechten Haltung lassen sich schon viele Umgangsprobleme lösen. Ideal ist das Leben im Herdenverband in einem Offenstall, wobei man aber auf eine passende Herdenzusammenstellung achten muss. Ansonsten kann das Leben in der Herde auch übermäßigen Stress bedeuten, insbesondere dann, wenn zu wenig Auslauffläche vorhanden ist. Schon zwei Pferde bilden die kleinstmögliche Miniherde. Erfahrungen haben gezeigt, dass kleine Gruppen – bevorzugt in gerader Zahl – die beste Haltungsgemeinschaft darstellen.

Zur artgerechten Haltung gehört auch eine angemessene Fütterung des Pferdes. Nicht selten werden Freizeitpferde überfüttert. Sie erhalten durch das Kraftfutter zu viel Energie, die über den täglichen Einsatz nicht abgebaut werden kann. Insbesondere hochblütige Pferde und Ponys, die trotz wenig Arbeit mit Hafer gefüttert werden, vertragen diesen Energieschub nicht. Folglich zeigen sie Überreaktionen, die bis zum kopflosen Durchgehen und Scheuen gehen können. Die Fütterung muss also der Leistung des Pferdes angepasst sein. Kraftfutter benötigen nur Pferde, die auch eine entsprechende Arbeitsleistung erbringen müssen. Für Freizeitpferde, die als Spazierreitpferd dienen und nicht täglich geritten werden, genügt der Erhaltungsbedarf. Hochwertiges Raufutter bildet dabei die Grundlage, ergänzt durch ein Mineralfutter. Kraftfutter wie Hafer, Gerste oder ein industriell hergestelltes Mischfutter wird nur bei entsprechender Leistung (Training) zugefüttert.

Eine angemessene Fütterung und artgerechte Haltung sorgen für die körperliche und seelische Ausgeglichenheit des Pferdes. Dies ist die beste Voraussetzung für ein fruchtbares Training.

Schlechte Erfahrungen

Wenn sich ein Pferd überhaupt nicht mit Gegenständen und Situationen wie der Plastikplane, dem Klappersack oder lärmendem Straßenverkehr anfreunden kann, können schlechte Erfahrungen eine Rolle spielen. Pferde haben ein überaus gutes Gedächtnis. Negative Erlebnisse prägen sich fest ein und werden meist nie mehr vergessen. Pferde, die schon mal einen Unfall beim Hängerfahren hatten, weigern sich häufig, wieder in den Transporter zu steigen. Dramatische Erlebnisse können aber auch erfolgt sein, ohne dass man dies wissentlich mitbekommt oder sich daran erinnern kann. Darum ist vielen Pferdebesitzern nicht klar, weshalb die panische Angst vor bestimmten Dingen nicht abzustellen ist. Es ist auch nicht immer einfach zu ergründen, woran die übermäßige Scheu liegt. Fest steht in jedem Fall, dass man noch mehr Geduld aufbringen muss, um ein Trauma zu bekämpfen. Möglicherweise wird das Pferd nie ganz scheufrei, aber mit Verbesserungen sollte man in schwierigen Fällen auch schon zufrieden sein.

Schlechte Erfahrungen können vielfältig sein: Sei es, dass sich ein Pferd in einer bestimmten Situation einfach nur

35

Das Gelassenheitstraining

Hat das Pferd mit einem Hindernis schlechte Erfahrungen gemacht, ist die Korrektur sehr schwierig.

vollkommen überfordert fühlt, was auch bedeuten kann, dass das Training überzogen worden ist, oder dass es eine Verletzung davongetragen hat und nun den Schmerz mit dieser speziellen Situation oder jenem Gegenstand verbindet. Bei schlechten Erfahrungen muss man immer mit einer Korrektur beginnen. Will man ein Pferd korrigieren, benötigt man etwa dreimal so viel Zeit als würde man ein rohes Pferd ausbilden. Die meisten Traumata lassen sich nicht vollständig beseitigen. Ein wenig misstrauisch wird ein solches Pferd wohl immer bleiben, was man ihm auch nicht verübeln kann.

Die Arbeit an Hindernissen

Die Arbeit an Hindernissen

Bevor man an Hindernissen arbeitet, sollte man sich vergewissern, dass diese verletzungssicher sind. Wenn Plastikplanen von Löchern durchsät sind, kann das Pferd mit den Hufen leicht darin hängen bleiben und Panik bekommen. Dies kann ein mühevolles Training komplett zunichte machen. Andererseits besteht ein nicht zu unterschätzendes Verletzungsrisiko für das Pferd.

Ebenso verhält es sich mit Brücken, die rutschig oder gar morsch sind. Herausstehende Nägel oder gesplittertes Holz sind höchst gefährlich. An solchen Hindernissen sollte man nicht trainieren.

Es kann durchaus auch auf kleinen Breitensportturnieren vorkommen, dass in Geschicklichkeitsparcours Hindernisse aufgebaut sind, die nicht ungefährlich sind. Urteilen Sie zum Wohle Ihres Pferdes selbst und verlassen Sie sich nicht auf die Veranstalter. Meiden Sie gefährlich anmutende Hindernisse und verzichten Sie gegebenenfalls auf einen Start.

Die Arbeit an Hindernissen

Ungeeignete Hindernisse sind beispielsweise zu steile Brücken, auf denen das Pferd ausrutschen könnte, oder gespannte Seile (als Wäscheleine oder Ähnliches genutzt) sowie Autoreifen, in denen das Pferd mit den Hufeisen hängen bleiben könnte.

Hindernisse, die Ihr Pferd überfordern, sollten Sie ebenso meiden. Wenn es noch nie über Stangen getreten ist, dürfen diese für den Anfang auf keinen Fall erhöht oder in komplizierter Anordnung aufgebaut sein. Der Trainingserfolg ist immer davon abhängig, wie man an die jeweiligen Hindernisse herangeht. Beherzigen Sie deshalb stets folgenden Grundsatz: Verlangen Sie nie eine Aufgabe vom Pferd, wenn Sie sich nicht sicher sind, dass erstens das Pferd die Übung in körperlicher und psychischer Hinsicht absolvieren kann und zweitens Sie die Forderung durchsetzen können.

Hindernisse übertreten

Man unterscheidet verschiedene Hinderniskategorien, die zum einen differenzierte Anforderungen haben, zum anderen andersartig trainiert werden müssen. So kennt man im Allgemeinen so genannte Scheuhindernisse, zu denen Klappersack, Plane und Flatterbänder gehören. Stangen oder Brücke hingegen zählen zu den Hindernissen, die man übertreten (überreiten) kann und vor denen die meisten Pferde weniger oder gar keine Scheu zeigen. Hier kommt es also weniger auf die Scheufestigkeit an als auf das routinierte, sichere Bewältigen. Je besser das Pferd aufpasst, wo es seine Füße hinsetzt, desto sicherer kann es das Hindernis überwinden.

Stangentraining

Die Variationen im Stangentraining sind nahezu unerschöpflich. So ist auch der Schwierigkeitsgrad je nach Art des Stangenhindernisses sehr unterschiedlich. Die Anforderungen können vom Übertreten einer einzelnen Stange, die am Boden liegt, bis hin zu mehreren erhöhten und teils über Kreuz liegenden Stangen gehen. Selbstverständlich wählt man im Training zunächst eine einfache Variante, bevor man komplizierte Stangenvariationen ausprobiert.

Empfehlenswert sind zwei, später bis zu fünf parallel gelegte Stangen, die im gleichen Abstand zueinander liegen. Will man die Stangen im Schritt führend überqueren, sollte der Stangenabstand zwischen 40 und 70 Zentimeter Innenmaß liegen, wobei die Größe und die Schrittweite des Pferdes berücksichtigt werden müssen. Später sollten Ausbilder und Pferd in der Lage sein, auch einen unbequemen Abstand, der etwas enger oder weiter ist, fehlerlos zu bewältigen. Hierfür muss das Pferd seine Schrittweite an den jeweiligen Stangenabstand anpassen.

> **Stangenabstände**
>
> In der Kennenlernphase sollten dem Pferd bequeme Stangenabstände vorgelegt werden, damit es Vertrauen fasst und die Aufgabe zufriedenstellend bewältigen kann. Der ideale Stangenabstand ist von Pferd zu Pferd unterschiedlich, da er sich nach der Schrittlänge des jeweiligen Pferdes richtet. Im Schritt sind dies in etwa 40 bis 70, im Trab 50 bis 120 und im Galopp 180 bis 250 Zentimeter.

Die Arbeit an Hindernissen

Beim Stangentraining kommt es darauf an, dass das Pferd das Hindernis passiert, ohne die Stangen mit den Hufen zu berühren. Es sollte die Aufgabe aufmerksam und vorsichtig bewältigen. Um diese Anforderung zu erfüllen, müssen Sie Ihrem Pferd erlauben, das Hindernis genau zu begutachten. Fordern Sie sogar von Ihrem Pferd, dass es sich mit dem Hindernis intensiv auseinander setzt. Lassen Sie das Pferd erst über die Stange treten, wenn es diese deutlich registriert hat, indem es die Nase auf die Stange gesenkt hat.

Beim Übertreten selbst gehen Sie aufmunternd voran, damit Ihr vierbeiniger Partner fleißig die Beine hebt. Nur allzu oft werden Stangen nicht ernst genug genommen, sodass die Pferde mit den Hufen anschlagen. Diese Unachtsamkeit kann im Ernstfall zu Verletzungen führen. Ein ungeschicktes Pferd kann daraufhin stolpern oder sich den Kronrand aufschlagen.

Zur Not kann man im Training auch mit der Gerte etwas nachhelfen und leicht auf die Hufe klopfen, wenn das Pferd allzu faul ist und seine Beine nicht heben möchte. Animieren Sie Ihr Pferd zu mehr Aktivität und vergessen Sie nicht es zu loben, wenn es die Aufgabe gut gelöst hat. Ist das Pferd unaufmerksam oder touchiert die Stangen mit den Hufen, sollte man dies mit einem lauten

Das Pferd sollte die Stangen aufmerksam übertreten, ohne dass die Hufe die Hölzer berühren. Dieses junge Pferd arbeitet sehr engagiert mit.

Die Arbeit an Hindernissen

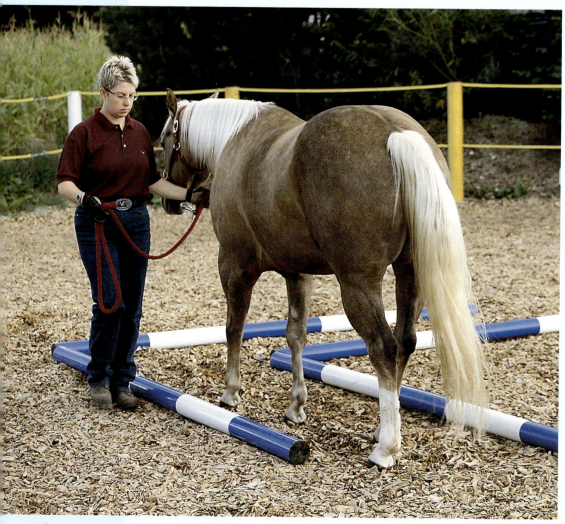

Rückwärtsrichten durch Stangenkombinationen sind sehr abwechslungsreiche und interessante Übungen.

„Nein" oder „Pass auf!" quittieren. Hilft das nichts, kann man das Pferd mit ein paar deutlichen Zügelimpulsen zur Ordnung rufen.

Um Langeweile zu vermeiden ist es ratsam, möglichst bald verschiedene Stangenkombinationen aufzubauen. Legen Sie die Stangen in W- oder Z-Form, erhöhen Sie eine oder beide Seiten der Stangen, formen Sie aus den Stangen ein Quadrat, ein L oder U. Die unterschiedlichen Stangengebilde kann man nun von mehreren Seiten aus überqueren.

In der Regel führt man das Pferd stets mittig und geradlinig über ein Hindernis. Es weicht auf diese Weise nicht aus und hat eine bessere Koordination. Hat man bereits ein fortgeschrittenes Pferd, kann man es aber auch absichtlich schräg zur Stange führen, um seine Koordinationsfähigkeit und Aufmerksamkeit weiter zu verbessern.

Eine interessante Übung ist auch das Rückwärtsrichten durch zwei Stangen, das bis zum rückwärtigen Bewältigen eines Stangen-L oder gar Labyrinths

Die Arbeit an Hindernissen

gesteigert werden kann. Ehrgeizige Bodenarbeiter können Stangen auch zum Seitwärtstreten nutzen. Der Fantasie sind hier keine Grenzen gesetzt. Achten Sie aber immer darauf, dass das Pferd mit den Aufgaben nicht überfordert wird. Steigern Sie die Anforderungen nur allmählich.

Die Brücke und die Wippe

Zur Kategorie der Hindernisse, die übertreten werden, gehören auch Brücke und Wippe. Hier gelten dieselben Regeln wie beim Stangentraining: Das Pferd sollte zunächst geradlinig und mittig an das Hindernis herangeführt werden. Nun veranlasst man das Pferd, den Kopf zu senken, um sich von der Beschaffenheit des Hindernisses zu überzeugen. Erst wenn es aufmerksam genug ist, darf es das Hindernis betreten.

Manche Pferde fürchten den dumpfen Klang der Huftritte, wenn sie auf den hölzernen Grund einer Brücke oder Wippe treten. Einige Brücken sind mit Geländer versehen und relativ

Letztendlich kann man Pferde auch über Stangen seitwärts richten – sowohl vom Boden als auch später vom Sattel aus.

Die Arbeit an Hindernissen

Wenn man an Brücken arbeitet, sollten diese stabil und sicher gebaut sein, damit Unfälle ausgeschlossen werden können.

schmal, sodass manche Pferde aus Platzangst zögern oder sich grundsätzlich weigern, den Bretterboden zu betreten. Hier hilft nur geduldiges Vorgehen. Wenn möglich, sollte man zunächst mit Brücken ohne Geländer trainieren und das Pferd am besten erst von der Breitseite aus das Hindernis bewältigen lassen. Dies ist aber nur bei Brücken möglich, die einen geraden und nicht zu hohen Bretterboden aufweisen. Die insbesondere bei den Westernreitern beliebten Rundbogenbrücken eignen sich meist nicht, um sie breitseits zu passieren.

Wenn es geregnet hat, kann der Bretterboden rutschig sein, was es gefährlich macht, die Brücke zu betreten. Abhilfe kann man schaffen, indem man etwas Sand oder einige Sägespäne auf die Brücke streut. Besser ist es, die Brücke während des Regens abzudecken, wenn man keine Gelegenheit hat, sie unter Dach zu lagern.

Nachdem sich einige Unfälle in Verbindung mit dem Bewältigen von Wippen ereignet haben, ist dieses Hindernis heutzutage nicht mehr sehr beliebt. Die beweglichen Bretter sind außerdem ein Kunsthindernis, da man

Die Arbeit an Hindernissen

im Gelände aus Sicherheitsgründen wackelige Untergründe grundsätzlich meiden sollte. Die meisten Pferde überqueren eine Wippe aber ebenso problemlos wie eine Brücke. Natürlich ist auch hier wieder darauf zu achten, dass die Bretter stark genug sind, um nicht zu brechen. Weiter sollten Sie sich vergewissern, dass die Wippe lang genug ist. Das Pferd muss mit allen vier Beinen sicher auf dem Brett stehen, bevor die Wippe kippt – das sind mindestens 2,50 Meter. Schwenkt die Wippe bereits auf die andere Seite, obwohl die Hinterbeine noch nicht auf dem Hindernis stehen, können schlimme Verletzungen die Folge sein.

Beim ersten Kippen der Wippe könnte ein unerfahrenes Pferd erschrecken und von der Wippe springen. Darauf sollte man gefasst sein. Meist aber lernen die Tiere recht schnell, wie sich eine Wippe verhält, und manchen Pferden macht das Schaukeln derart Spaß, dass sie die Wippe nur ungern verlassen. Abwechslung im Trainingsalltag bringt die Wippe allemal, vorausgesetzt man setzt sie mit entsprechender Vorsicht ein.

Alles was raschelt

Sämtliche Gegenstände, die ein zischendes oder raschelndes Geräusch von sich geben, sind den meisten Pferden suspekt. Solche Aufgaben zählt man deshalb auch zur Kategorie der Scheuhindernisse. Insbesondere sensible Pferde mit einem weniger starken Nervenkostüm müssen sehr langsam und geduldig an raschelnde Gegenstände gewöhnt werden.

In unserer heutigen technisierten Welt werden Pferde immer häufiger ungewöhnlichen Situationen ausgesetzt. Deshalb sollte ein entsprechendes Scheutraining zum obligatorischen Trainingsprogramm gehören, das das Nervenkostüm stärkt und das Tier auf alle möglichen, unvorhersehbaren Gegebenheiten besser vorbereitet. Pferde, die viele unterschiedliche Sachlagen und Gegenstände kennen gelernt haben, strahlen mehr Selbstbewusstsein aus, haben weniger Angst und zeigen größeres Vertrauen in den Menschen. Dies alles sind Punkte, die ein Pferd zu einem sichereren Partner machen, wodurch viele Unfälle vermieden werden können. Darum ist das Training mit flatternden und raschelnden Gegenständen sehr wichtig und wird aufgrund dessen auch in der Gelassenheitsprüfung schwerpunktmäßig geprüft.

Tüten, Planen und Flatterbänder

Unachtsam weggeworfene Plastiktüten oder alte Siloplanen, mit denen jeder Reiter sicherlich im Gelände schon konfrontiert worden ist, können für ein Pferd ein großes Schreckgespenst darstellen. Oft ist ihm schon die grelle weiße oder extrem dunkle schwarze Farbe einer in der Landwirtschaft genutzten Plane nicht geheuer. Mehr noch aber schrecken Pferde vor den schnellen Bewegungen einer Plane zurück, wenn sie im Wind flattert. Auch das knisternde Geräusch einer im Wind flatternden Plane ist nicht gerade Musik in den Ohren Ihres vierbeinigen Partners. Kein Wunder also, wenn das Pferd vor solch einem Ungetüm zurückweicht und am liebsten die Flucht ergreifen würde.

Die Arbeit an Hindernissen

Ängstliche Pferde müssen mit viel Geduld an flatternde Gegenstände gewöhnt werden.

die bei flatternden Gegenständen panisch reagieren, haben immer Angst. Darum darf man ein Pferd auch nicht bestrafen, wenn es in einer derartigen Situation erschrickt. Es würde die Furcht eher noch steigern, wenn man am Zügel reißt oder gar mit der Gerte auf die Kruppe schlägt. Ein harter Zügelzug verursacht dem Pferd Schmerzen im Maul. In Zusammenhang mit einem angsterregenden Gegenstand, wie es für das Tier beispielsweise die Plane ist, wird das Pferd bei derartigen schmerzlichen Erfahrungen eher noch zur Flucht animiert als davon abgehalten. In den meisten Fällen macht das Pferd, wenn es erschrickt, nur einen Satz zur Seite und beruhigt sich dann wieder. Darum ist es einen Versuch wert, die Zügel locker zu lassen und mit der Stimme ruhig auf das Pferd einzuwirken. Nur wenn das Pferd so viel Angst verspürt, dass es tatsächlich aus Panik zu fliehen versucht, ist härterer Zügeleinsatz gerechtfertigt, um Schlimmeres zu verhindern.

> **Angst darf nicht bestraft werden**
> Pferde, die erschrecken oder vor Angst zurückweichen, dürfen hierfür niemals bestraft werden. Eine Strafe würde die Scheu noch steigern, anstatt die Angst zu verringern. Dies kann man nur mit Ruhe und Geduld erreichen.

Die für ein Pferd unangenehmen Eigenschaften einer Tüte oder Plane können schnell zu gefährlichen Situationen führen. Darum muss das Tier mit viel Geduld, aber konsequent an Plastikplanen gewöhnt werden. Pferde,

Natürlich reagiert auch der Mensch reflexartig und zieht meist automatisch am Zügel, weil er selbst erschrickt. Dennoch kann man lernen, die Ruhe zu bewahren und überlegt zu handeln. Dies kommt mit zunehmender Erfahrung im Umgang mit Pferden und entsprechenden Bemühungen letztendlich automatisch.

Wenn der Mensch mit gutem Beispiel vorangeht und mit Flatterbändern, Tüten und Planen nicht übertrieben vorsichtig umgeht, zeigt er dem Pferd, dass es sich hierbei um keine gefährlichen Gegenstände handelt. Pferde schauen ihren Artgenossen vieles ab – und auch dem Menschen. Geht man in der Nähe des Pferdes übervorsichtig mit einer großen Plane um (weil das Pferd ja ansonsten erschrecken könnte), interpretiert es eine gewisse Gefährlichkeit in den Gegenstand.

Andererseits dürfen Sie Ihr Pferd aber auch nicht überfordern, indem Sie mit der Plane nun absichtlich recht laut rascheln oder sich damit schnell bewegen. Weicht das Pferd aus, kommt es mit der Situation nicht klar. Konfrontieren Sie Ihr Pferd also nur so weit, wie es das Tier akzeptieren kann.

Beginnen Sie beim Training mit kleinen Tüten und steigern Sie die Größe bis zur großen Siloplane. Erhöhen Sie auch den Geräuschpegel, in dem Sie mit der Plastikfolie der Situation angepasst rascheln. Verwenden Sie in fortgeschrittenem Training auch Planen von unterschiedlicher Struktur und Farbe. Eine weiße Plane ist nicht dasselbe wie eine schwarze. Starke Lkw-Planen wirken anders auf ein Pferd als ein rot-weißes Absperr- oder Flatterband. Variieren Sie die Gegenstände, die Geräuschstärke und die Übungsorte. Nur so wird das Pferd auch in unvorhergesehenen Situationen gelassener sein.

Gegenstände nachziehen

Ein beliebtes, künstlich geschaffenes Schreckhindernis ist der Klappersack. Es handelt sich hierbei um einen festen Jute- oder Plastiksack, in dem sich leere Dosen befinden. Die Dosen scheppern ganz beachtlich, wenn man den Sack schüttelt, sodass viele Pferde davor Angst haben. In so manchen Geschicklichkeitsprüfungen muss ein solcher Klappersack von einer Tonne auf die andere übergesetzt werden oder an einem Seil nachgezogen werden (wie auch in der Gelassenheitsprüfung).

Die besondere Schwierigkeit liegt nicht nur im Geräusch, dem viele Pferde argwöhnisch gegenüber stehen, sondern vor allem darin, dass der Gegenstand entweder auf ihrem Rücken oder hinter ihnen diese Geräusche verursacht.

Raubtiere griffen Pferde in freier Wildbahn meist von hinten an und bissen sie in die Flanken. Deshalb haben Huftiere Angst, wenn sich etwas von hinten auf sie zu bewegt. Insbesondere sind Pferde auch wegen ihres unscharfen Sehvermögens schreckhaft. Bis sie konkret identifizieren können, was sich hinter ihnen abspielt, könnte eine Flucht zu spät sein. Deshalb flieht ein Pferd zuerst, bevor es über eine zweifelhafte Situation nachdenkt.

Wenn man einen Klappersack oder einen anderen Gegenstand hinter dem Pferd nachzieht, weicht es oft aus. Dies tut es schon deshalb, weil es den Gegenstand meist nicht richtig sehen kann, und nicht unbedingt, weil es vor dem Gegenstand an sich Angst hat. So kann ein Pferd auch unruhig werden, wenn man nur einen Ast nachzieht, den es normalerweise gerne anknabbern würde.

Die Arbeit an Hindernissen

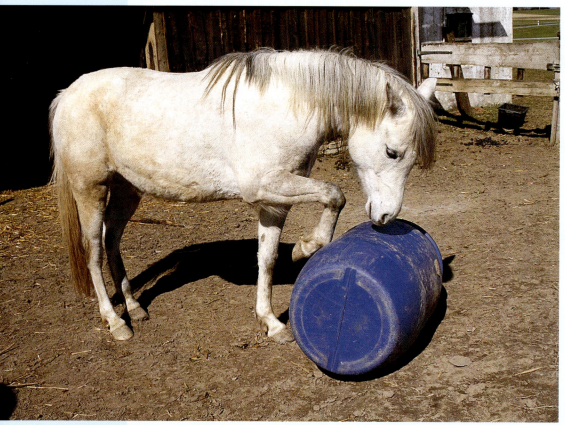

Um ein Pferd an unbekannte Gegenstände zu gewöhnen, kann man diesen in den Auslauf legen. Die Neugierde siegt oft über die Angst. Man sollte aber darauf achten, dass sich das Pferd nicht verletzen kann, wenn es ohne Aufsicht mit dem Gegenstand spielt.

Üben Sie das Nachziehen von Gegenständen also nicht nur mit einem schrecklichen Klappersack, sondern auch mit Stangen, Decken oder Plastikplanen. Dies ist vor allem eine gute Vorübung für Pferde, die als Fahrpferde ausgebildet werden sollen.

Man kann sowohl vom Sattel als auch vom Boden aus üben. Zuvor jedoch sollte man sich vergewissern, dass das Pferd auch das Seil, mit dem der Gegenstand gezogen werden soll, am Körper duldet. Manche Pferde schlagen schon aus, wenn das Seil Kruppe oder Hinterbeine berührt. Die Berührung sollte das Pferd akzeptieren. Wenn es dies nicht tut, müssen Sie zuerst an diesem Problem arbeiten.

Was es sonst noch alles gibt

Der Fantasie sind keine Grenzen gesetzt, wenn es darum geht, neue Situationen zu schaffen, um beim Pferd die Vertrauensbasis zu festigen. Wenn Sie Ihr Pferd nie überfordern, wird es bald auch seinen Spaß daran finden, neue Gegenstände und Situationen kennen zu lernen. So manches Pferd entwickelt sogar großen Eifer dabei, mit den Dingen zu spielen (und sie auch durchaus zu zerlegen). Auf diese Weise ist der Alltag nicht langweilig und das Pferd kann spielerisch lernen.

Um ein Pferd an einen unbekannten Gegenstand, vor dem es Respekt hat

Die Arbeit an Hindernissen

oder auf den es gar ängstlich reagiert, zu gewöhnen, können Sie ihn auch in den Auslauf legen; natürlich nur unter der Voraussetzung, dass es sich um einen ungefährlichen Gegenstand handelt, an dem sich das Pferd nicht verletzen kann, wenn es damit unbeaufsichtigt ist. Große Plastikfolien sind ausgeschlossen, da sich das Pferd darin verheddern könnte. Ungefährlich hingegen sind beispielsweise Bälle.

Wenn das Pferd aber nur eine Box zur Verfügung hat und es sich schon in die Ecke drängt, weil es vor dem gefährlich aussehenden Ding Angst hat, sollten Sie das Pferd hier nicht damit konfrontieren. Ihr vierbeiniger Partner sollte stets genügend Ausweichmöglichkeiten haben und sich auf sicheres Terrain zurückziehen können. Also kommt normalerweise nicht die Box, sondern nur ein genügend großer Auslauf in Frage, wie ihn beispielsweise Offenstallpferde als Lebensraum haben.

Meist nähern sich die Pferde nach einiger Zeit dem furchterregenden Gegenstand, weil sie neugierig sind und es ihnen ansonsten langweilig ist. So trainiert sich Ihr Pferd quasi von selbst. Diese Methode funktioniert zwar nicht immer, denn manchmal bleibt der Respekt größer als die Neugierde. Dennoch ist sie einen Versuch wert.

Bälle sind in allen Variationen gute Trainingsgegenstände.

Bälle und Ballons

Plastikbälle sind in allen Variationen gute Trainingsgegenstände, zumal sie kaum verletzungsträchtig sind. Verblüffend ist für Pferde vor allem, dass Bälle springen und an Wänden abprallen, wodurch die Tiere möglicherweise ein unberechenbares Eigenleben des Balles vermuten. Eine Rolle spielt auch die Größe des Balls. Man sollte natürlich wieder mit einem kleinen Plastikball anfangen, um das Pferd daran zu gewöhnen. Um zwei Fliegen mit einer Klappe zu schlagen, nehmen Sie

Die Arbeit an Hindernissen

zu Anfang doch mal einen so genannten Igelball – ein Ball, der mit Noppen ausgestattet ist – und nutzen ihn beim Pferd zusätzlich für eine genüssliche Massage. Rollen Sie mit dem Ball den ganzen Pferdekörper ab. Normalerweise haben die Tiere vor diesem kleinen Ball keinerlei Scheu. Lassen Sie den Ball dann absichtlich fallen und beobachten die Reaktion des Pferdes.

Wenn das Pferd ruhig bleibt, gehen Sie zu einem größeren Ball über, mit dem Sie ebenfalls den Pferdekörper abrollen. Auch dieser sollte auf den Boden fallen. Bleibt das Tier gelassen, kann man den Ball auf den Boden prellen, den Ball über seinen Rücken einem Partner zuwerfen oder unter dem Pferdebauch hindurch rollen. Einen weichen Ball kann man dem Pferd auch gegen die Beine rollen, wenn es die vorausgegangenen Prozeduren geduldig und ruhig über sich ergehen ließ.

Das Ziel ist, das Pferd letztendlich mit einem Physioball bekannt zu machen. Aufgrund seiner Größe ist der Sitzball vielen Pferden nicht geheuer. Doch sind sie erst einmal daran gewöhnt, können Sie mit viel Vergnügen zur Abwechslung eine Partie Pferdefußball spielen.

Mit Luftballons, die auch bei der GHP eine Rolle spielen, muss man vorsichtig hantieren. Obwohl sich Pferde auch an diese recht schnell gewöhnen, können Luftballons sehr leicht unvermittelt platzen. Dadurch kann das Pferd erschrecken, und Sie müssen mit dem Scheutraining wieder von vorne beginnen. Natürlich sollte das Pferd auch an platzende Luftballons gewöhnt werden. Hierzu werden die Luftballons aber zunächst in sicherer Entfernung und absichtlich zum Platzen gebracht. Dann ist man auf die Reaktion des Pferdes gefasst. Später kann man den Sicherheitsabstand verringern. Es gibt sogar Pferde, die Luftballons aus Spaß selbst mit den Hufen zertreten.

Besen, Mülltonnen, Pferdehänger …

Für das Pferd furchteinflößende Dinge gibt es genug in seiner heutigen Umgebung. Sogar in unmittelbarer Stallnähe tauchen Ungeheuer in Form von Traktoren auf, vor denen das eine oder andere Pferd scheut. So manches Pferd gewöhnt sich nie an diese wuchtigen Fahrzeuge. Doch wenn man sich die Mühe macht und sie langsam an den Traktor heranführt, verlieren die meisten Pferde ihre Scheu. So kann der Landwirt auch mit Vollgas an traktorgewöhnten Pferden vorbeifahren, ohne dass diese unruhig werden. Das ist das Ziel dieses speziellen Scheutrainings. Wenn man mit Fahrzeugen übt, sollte man nie mit dem Traktor oder Motorrad direkt auf das Pferd zu fahren, da es sich bedrängt fühlt und dabei erst recht Angst bekommt. Vielmehr führt man das Pferd zum Fahrzeug, damit es sich von seiner Ungefährlichkeit überzeugen kann. Später kann man einen Helfer bitten, mit dem jeweiligen Kraftfahrzeug am Pferd vorbei zu fahren. Dies kann dann in unterschiedlicher, der jeweiligen Situation angepasster Geschwindigkeit geschehen, um den vierbeinigen Partner langsam an das Geräusch und das Fahrzeug zu gewöhnen.

Furchteinflößend sind für Pferde oftmals auch Besen, in einigen Fällen vielleicht deshalb, weil manche Pfer-

Die Arbeit an Hindernissen

Besen können für Pferde auch furchteinflößend sein. Manche Pferdebesitzer treiben damit ihr Pferd in den Hänger

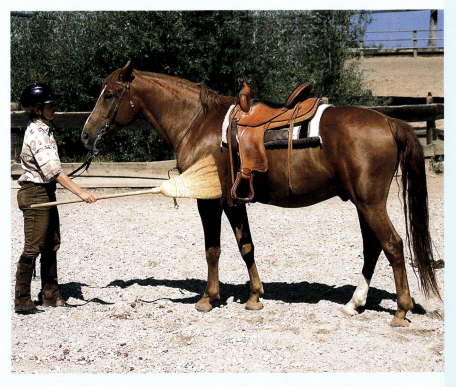

Eine sehr gute Übung, um das Vertrauen aufzubauen, ist, das Pferd mit einem Besen „abzukehren".

debesitzer sie als Treibmittel benutzen, damit das Pferd beispielsweise auf den Pferdehänger geht. Versuchen Sie doch mal, Ihr Pferd mit einem (weichen) Besen am Bauch „abzukehren". Ist es ängstlich? Dann haben Sie eine weitere Aufgabe für regnerische Nachmittage.

So gibt es vielerlei Gegenstände, vor denen ein Pferd Scheu empfinden kann. Mülltonnen, Futtersäcke oder Autoreifen – alles Dinge, die für ein Pferd nicht selbstverständlich sein müssen. Man kann nie vorhersagen, wovor ein Pferd Angst haben könnte. Die einen fürchten nicht einmal einen Mähdrescher, wenn er von hinten heranrauscht, während die anderen schon vor einem Vogel erschrecken, der im Gebüsch raschelt.

> **Überraschungen im Pferdetraining**
>
> Manchmal können Pferde einen so richtig überraschen. Hat das Tier zuvor Angst vor einem Absperrband gezeigt, läuft es Minuten später völlig gelassen durch einen Flattervorhang, der eben aus demselben rot-weißen Baustellen-Absperrband gefertigt wurde. Die Gründe hierfür liegen darin, dass nicht das Band allein die Angst auslöst, sondern die gesamte Situation: Flattert das Band im Wind? Ist es waagrecht oder senkrecht – und in welcher Höhe – angebracht? Sind es mehrere Bänder oder nur eines? Und in welcher Form wird das Pferd damit konfrontiert? Es zählen alle Einflüsse und nicht allein ein bestimmter Gegenstand.

Ein gutes Beispiel für Angstauslöser durch schlechte Erfahrungen ist der Pferdehänger. Zu hektisches Verladen, Platzangst oder rücksichtsloses Fahren führen dazu, dass das Pferd mit einem Pferdehänger negative Erlebnisse verbindet. Wen wundert es, wenn das Pferd dann verweigert, den Transporter zu betreten? Darum ist auch hier Coolness gefragt und zwar zuerst vom Menschen, sonst darf man sie vom Pferd nicht erwarten.

Gerüche und Geräusche

Es müssen nicht immer Gegenstände sein, vor denen ein Pferd Angst hat. Pferde haben sehr gute Ohren und können wesentlich besser riechen als Menschen. Ein Raubtier frühzeitig durch Geruch oder Geräusch zu registrieren war für das Pferd lebensnotwendig. Darum sind Pferde auch in dieser Hinsicht sehr sensibel.

Der Geruch und das Gegrunze von Schweinen sind vielen Pferden nicht ganz geheuer. Auch vor einer Herde Schafe kann ein Pferd Reißaus nehmen, wenn es noch nie zuvor in seinem Leben Schafe gesehen, gerochen oder ihr Blöken gehört hat. Pferde können die Stimmen anderer Tiere nicht einschätzen: Sind es möglicherweise Warnrufe, oder ist es doch nur eine Begrüßungsform? Wie soll ein Pferd die Sprache anderer Tiere verstehen, , wenn es diese Tiere gar nicht kennt?

Als besonders furchterregend empfinden Pferde zischende oder pfeifende Geräusche. Das Zischen einer Sprühflasche ist den meisten Pferden zuwider – möglicherweise tut dies ihren Ohren weh. Andererseits ist ein Zischen auch in der Tierwelt oft ein Warnsignal, wie es beispielsweise Schlangen benutzen. Pferde kann man auch daran behutsam gewöhnen, was meist gelingt, wenn man das Zischgeräusch oft genug wiederholt und es mit einer Belohnung verbindet.

Dasselbe Hindernis – neue Gefahr?

Zu Hause hat das Training wunderbar geklappt, doch auf dem Turnier scheut das Pferd vor dem Hindernis, als hätte es dieses noch nie gesehen. Das ist kein Einzelfall, und viele Pferdebesitzer sind in so einer Situation ratlos.

Es ist nicht zu begreifen, dass das Pferd einen Tag zuvor dasselbe Hindernis mühelos bewältigt hat, während es am nächsten Tag davor scheut. Weil diese Situation für den Menschen unlogisch erscheint, wird sie von vielen Pferdehaltern falsch interpretiert. Es ist naheliegend zu denken, dass das Pferd heute nur nicht will und sich einfach unmöglich anstellt. Schließlich kennt es das Hindernis und hat auch gestern keine Scheu davor gezeigt. So mancher Pferdebesitzer hat leider schnell die Gerte zur Hand oder straft sein Tier zumindest mit Worten.

Wenn man die Natur des Pferdes jedoch versteht, verblüffen derartige Reaktionen nicht. Pferde denken anders als Menschen, was sich natürlich auch auf ihr Verhalten auswirkt. So kann ein und dasselbe Hindernis aus verschiedenen Gründen am nächsten Tag eine völlig neue Aufgabe darstellen. Dasselbe Hindernis wirkt beispielsweise zu einer anderen Tageszeit oder bei verändertem Wetter gänzlich anders.

Der heimatliche Klappersack ist dem Pony vertraut. Doch wie würde es an einem anderen Ort mit einem anderen Rappelsack reagieren?

Die Arbeit an Hindernissen

Wenn die rechte Hand nicht weiß, was die linke tut

Für ein Pferd handelt es sich bereits um ein neues Hindernis, wenn man das Tier von der anderen Seite heranführt. Auch eine Reitlektion, beispielsweise eine Volte, der fliegende Galoppwechsel oder Travers, ist für ein Pferd eine komplett neue Lektion, wenn man die Hand wechselt.

Beherrscht das Pferd eine Lektion auf der linken Hand, muss es diese auf der rechten Hand ganz von neuem lernen. Ein Pferd ist nicht in der Lage, spiegelverkehrt zu denken und eine Aufgabe von der einen auf die andere Seite umzusetzen. Darum stellt sich eine Plane, die es von der einen Seite aus zu überqueren gelernt hat, von der anderen als neues Hindernis dar. Möglicherweise verweigert es nun.

Beim Pferd sind rechte und linke Gehirnhälfte nicht verbunden, wie es beim Menschen der Fall ist. Darum stellt sich ein Hindernis von der anderen Seite aus als völlig neue Situation dar.

Vielfältige Veränderungen

Sieht schon dasselbe Hindernis von einer anderen Richtung aus betrachtet vollkommen neuartig aus, können selbst kleinste Veränderungen am Hindernis selbst erst recht als neue Situation eingestuft werden. Sind die Bälle nicht mehr rot, sondern grün, ist der Regenschirm etwas größer oder steht die Brücke an einem anderen Ort, betrachtet sie das Pferd als komplett neues Hindernis. Pferde sind gute Beobachter, sodass ihnen selbst kleinste Veränderungen auffallen.

So ist es nicht verwunderlich, dass ein Pferd bei einem vermeintlich gleichen Hindernis auf dem Turnier unsicher wirkt, während es die Aufgaben zu Hause ohne Probleme meistern konnte. Bei den Hindernissen der Gelassenheitsprüfung hat der Veranstalter einen relativ großen Freiraum, die Hindernisse zu gestalten. Als Hecke, die bei den Luftballons oder bei den Bällen benötigt wird, verwenden manche Veranstalter Hindernisständer, die mit Decken oder Planen verhüllt werden. Andere wiederum entscheiden sich für eine Strohwand. Die einen verwenden große grüne Physiobälle, andere wieder kleine bunte Plastikbälle. Somit stellt sich dem Pferd, das in der Gelassenheitsprüfung zwar immer dieselben Aufgaben absolvieren muss, die Situation doch jedes Mal anders dar.

Aber keine Bange, selbst das Training eines ähnlichen Hindernisses trägt zur allgemeinen Scheufestigkeit bei. Sie sollten nur nicht enttäuscht sein, wenn das Pferd doch einmal vor einem Regenschirm erschrickt, obwohl Sie zu Hause fleißig mit Regenschirmen geübt haben. Nicht nur das Hindernis selbst, sondern auch die Umgebung und die Situationen darum herum haben einen nicht zu unterschätzenden Einfluss auf die Reaktionen des Pferdes.

Die Hindernisse der Gelassenheitsprüfung und deren Training

Die Hindernisse der Gelassenheitsprüfung und deren Training

Die Hindernisse der Gelassenheitsprüfung wurden von der Deutschen Reiterlichen Vereinigung festgelegt. Variationen sind innerhalb der festgelegten Normen möglich, wobei die Veranstalter die Hindernisse immer nach ihren Möglichkeiten gestalten. Auch wenn Sie die Hindernisse während der Prüfung in veränderter Form vorfinden, lohnt es sich, zu Hause zu üben. Dabei ist es ratsam, nicht nur Aufgaben der GHP zu trainieren, sondern Variationen und neue Ideen einzubauen. Damit bleibt das Training interessant und das Pferd ist gegen alle möglichen Situationen besser gewappnet.

Die Hindernisse der Gelassenheitsprüfung

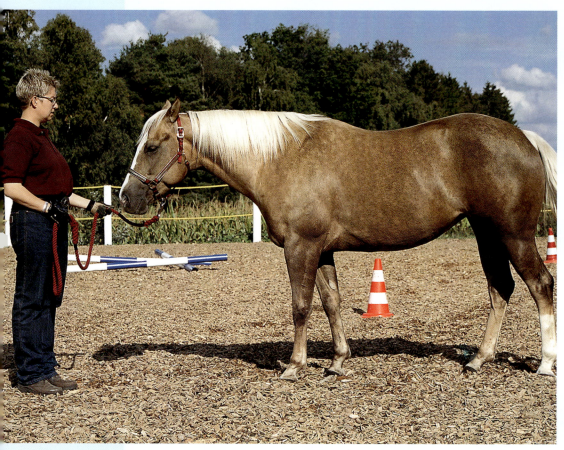

Üben Sie das Aufstellen in offener Stellung schon zu Hause und erwarten Sie, dass Ihr Pferd so lange ruhig steht, bis Sie das Kommando zum Antreten geben.

Das Vortraben

Nicht nur die Scheufestigkeit wird bei der GHP einer Prüfung unterzogen. Die Führperson soll auch zeigen, dass sie ihr Pferd unter Kontrolle hat und in der Lage ist, ein Pferd sicher zu führen. Des Weiteren überprüfen die Richter in der ersten Aufgabe, ob das Pferd lahmfrei geht und in einer guten Verfassung ist, bevor es die folgenden Lektionen der Gelassenheitsprüfung absolviert.

Zunächst müssen Sie sich und Ihr Pferd vor den Richtern aufstellen und ihnen vorstellen. Führen Sie Ihr Pferd an den dafür vorgesehenen Platz und achten Sie darauf, dass Ihr Vierbeiner in der so genannten offenen Stellung steht. Korrigieren Sie gegebenenfalls, indem Sie das Pferd einen Tritt rückwärts richten. In der offenen Stellung ist das dem Betrachter zugewandte Beinpaar weiter auseinander gestellt. Auf diese Weise ist es den Richtern möglich, alle vier Beine gleichzeitig zu sehen.

Üben Sie bereits zu Hause das Aufstellen und erwarten Sie von Ihrem Pferd, dass es geduldig stehen bleibt, bis Sie es zum Weitergehen auffordern. Ideal ist es, wenn man sich vor das

Die Hindernisse der Gelassenheitsprüfung

Pferd stellt, die Zügel (sofern man mit Trense gezäumt hat) teilt und den Pferdekopf auf diese Weise gerade halten kann.

Nennen Sie nun Ihren Namen sowie den Namen, das Alter, die Rasse und das Geschlecht Ihres Pferdes. Die Richter geben Ihnen dann ein Zeichen, wenn Sie weitermachen dürfen. Nehmen Sie wieder Ihre Grundposition links neben Ihrem Pferd ein und führen es zur ersten Markierung.

> **Die Führposition ist immer links!**
> Das Pferd muss bei der GHP immer von links aus geführt werden, da die Hindernisse so angeordnet sind, dass die Einflüsse von der linken Seite aus auf das Pferd einwirken. Ein Pferd, das vor einem Gegenstand erschrickt, wird somit immer vom Führenden wegspringen.

Die Führperson geht bei der GHP immer links und wendet das Pferd nach rechts.

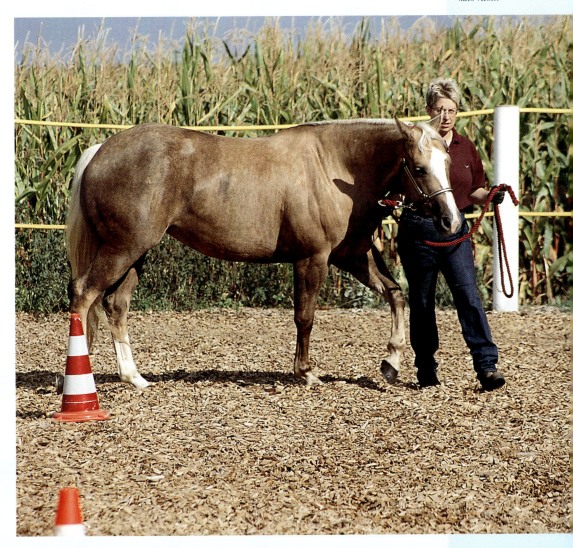

Die Hindernisse der Gelassenheitsprüfung

Achten Sie stets auf die Markierungen und führen Sie Ihr Pferd in korrekter Position.

Die Trainerin demonstriert, wie Sie Ihr Pferd nicht führen sollten. Folgt das Pferd nicht willig, müssen Sie im Training mit der Gerte konsequent nachhelfen.

durch, wenden Ihr Pferd um die Pylone nach rechts, traben an derselben Pylone erneut an und laufen die gesamte Strecke zurück bis zu den Richtern. Daraufhin können Sie zum nächsten Hindernis gehen.

Bei der GHP ist es nicht erlaubt, eine Gerte mitzuführen. Darum ist es notwendig, schon zu Hause zu üben, dass das Pferd auf den Punkt genau und willig antrabt. Es sollte außerdem stets auf Höhe der Führperson laufen und weder nach vorne wegstürmen noch sich nachziehen lassen.

Der eine oder andere Teilnehmer lässt sein Pferd hinterher laufen wie ein Hündchen. Erschrickt das sonst so ruhige Pferd aber doch einmal, kann es seinem Besitzer von hinten in die Beine oder ins Kreuz springen. Deshalb ist es weder bei der GHP noch in Alltagssituationen empfehlenswert, das Pferd nachlaufen zu lassen. Vielmehr sollte man es stets neben sich – die Schulter auf Halshöhe des Pferdes – führen.

Tipps für einen besseren Trab

Das Pferd sollte einen taktreinen, fleißigen Trab zeigen. Um es nicht zu stören, muss die Führperson darauf achten, dass sie den Arm etwas ausstreckt, damit sie den Pferdekopf nicht nach links zieht und das Pferd gerade laufen kann. Des Weiteren darf man ruhig ein etwas flotteres Lauftempo vorlegen, damit das Pferd etwas mehr Gang zeigen kann.

Führen Sie Ihr Pferd schon in der Schrittpassage recht zügig, damit dann der Übergang zum Trab besser funktioniert. Außerdem animieren Sie Ihr Pferd damit, die Hinterhand vermehrt unterzusetzen, wodurch die Gangqualität verbessert wird.

Traben Sie bei der Markierung an und laufen Sie möglichst geradlinig bis zur nächsten Pylone. Dort parieren Sie

Die Hindernisse der Gelassenheitsprüfung

Auch beim Traben dürfen Sie ein zügiges Tempo vorlegen. Sie erleichtern Ihrem Pferd so, taktrein und schwungvoll zu gehen. Wenn man zu verhalten läuft, gehen viele Pferde schief und schleifen mit den Hufen am Boden. Das sieht unschön aus und damit verfehlen Sie auch den ersten guten Eindruck bei den Richtern.

Üben Sie selbstverständlich auch, das Pferd kontrolliert durchzuparieren. Wenn Sie damit Schwierigkeiten haben, können Sie sich keinen schwungvollen Trab leisten, weil Sie Angst haben müssen, dass Ihnen Ihr Pferd davonläuft. Also müssen Sie die Übergänge auf dem heimatlichen Reitplatz ebenso gründlich üben wie alle anderen Lektionen, die in der Gelassenheitsprüfung gefordert sind.

Die Luftballons

Beim Hindernis Nummer Zwei taucht hinter einer Hecke unverhofft eine Traube Luftballons auf, an der das Pferd vorbeigeführt werden muss. Es muss dabei innerhalb der vorgegebenen Gasse bleiben. Meist ist die rechte Seite mit Sägemehl oder Hindernisstangen eingegrenzt, die das Pferd nicht übertreten sollte. Verlässt das Pferd die Begrenzung, wird mit Punktabzug gestraft.

Die Hecke auf der linken Seite wird häufig mit Sprungständern und überhängenden Planen oder Decken gestaltet. Dahinter versteckt sich ein Helfer, der eine Traube Luftballons aufsteigen lässt, sobald Sie das Hindernis passieren.

Gut geübt! Das Pferd bleibt ruhig, während hinter der gelben Heckenwand eine Traube Luftballons aufsteigt.

Die Hindernisse der Gelassenheitsprüfung

Schwierigkeit des Hindernisses

Manchmal scheuen Pferde schon vor der ungewöhnlichen Hecke und weigern sich, die Gasse zu betreten. Deshalb ist es im Vorfeld bereits notwendig, das Pferd an Decken und Planen zu gewöhnen, die nicht nur am Boden liegen, sondern auch über Stangen hängen. Wir wissen bereits, dass die unterschiedlichen Gegenstände in einer helleren oder dunkleren Farbe, an einem anderen Ort oder bei windigem Wetter ein völlig anderes Hindernis darstellen können als auf dem heimatlichen Reitplatz. Und selbst dieselbe Plane sieht auf dem Boden liegend anders aus als wenn sie über einer Stange hängt! Hier wirkt sie deutlich bedrohlicher. Das Pferd kann dies zum Anlass nehmen, das Ungetüm zu meiden.

Zu Hause sollten Sie also jegliche Möglichkeiten nutzen, um derartige Situationen zu üben. Stellen Sie sich Sprungständer in die Bahn, legen eine Stange auf und behängen Sie diese zunächst mit der Ihrem Pferd bekannten Abschwitzdecke. Bitten Sie einen Helfer, gegen die Decke zu klopfen, während Sie Ihr Pferd daran vorbeiführen. Wenn Ihr Pferd die Situation gelassen hinnimmt, steigern Sie die Übung, indem Sie nun eine knisternde Regendecke nehmen und schließlich zur raschelnden Gewebeplane greifen.

Das Pferd sollte diese Aufgabe nicht nur akzeptieren, sondern sich dabei schon langweilen. Dann können Sie einen Schritt weiter gehen. Bevor Sie Ihren Helfer bitten, Luftballons hinter der Hecke aufsteigen zu lassen, üben Sie zunächst mit einfacheren Gegenständen wie beispielsweise einem Eimer. Es geht nun darum, dass das Pferd nicht erschrickt, wenn unvorhergesehene Dinge auftauchen. Dazu müssen Sie das Hindernis häufig variieren, weil durch mehrfaches Üben der Ablauf vorhersehbar wird. Variieren Sie Zeitpunkt und Ort, an dem der unverhoffte Gegenstand auftauchen soll.

Schließlich gewöhnen Sie Ihr Pferd mit Hilfe der Aussackmethode an die Luftballons. Es schadet auch nicht, wenn das Tier ebenso daran gewöhnt wird, dass ein Luftballon zerplatzt. Vermeiden Sie aber zerplatzende Luftballons in unmittelbarer Nähe des Pferdekopfes. Auch wenn das Pferd cool bleibt, tut es in seinen empfindlichen Ohren weh.

Ist all diese Vorarbeit getan, wird das Pferd kaum mehr mit einer Wimper zucken, wenn es an der Heckenwand vorbeigeführt wird und ein paar lächerliche bunte Luftballons dahinter auftauchen.

Wenn Sie in der Prüfung sind, sollten Sie das Pferd zügig, aber nicht hastig durch die vorgegebene Gasse führen. Werden Sie selbst nicht zögerlich, wenn die Luftballons auftauchen, sondern beachten Sie sie einfach nicht. Dann haben Sie die beste Garantie dafür, dass auch Ihr Pferd dieser Situation keine Bedeutung beimisst und ruhig, sicher und gelassen weitergeht.

> **Fair – sicher – gelassen**
> Führen Sie Ihr Pferd immer sehr selbstsicher durch den Parcours. Wenn Sie den vermeintlich gefährlichen Gegenständen keine Bedeutung beimessen, indem Sie so tun, als wären sie gar nicht vorhanden, geben Sie Ihrem Pferd damit genügend Selbstvertrauen, um gelassen zu bleiben. Das ist ein fairer und sicherer Weg, um mit dem Pferd Gelassenheit zu üben und zu demonstrieren.

Die Hindernisse der Gelassenheitsprüfung

Das Stangenkreuz

Westernpferde haben bei diesem Hindernis Vorteile, da sie diese Aufgabe aus dem Trailparcours kennen. Allerdings sollte jedes Pferd mit am Boden liegenden Stangen vertraut sein. Schon das Jungpferd, das altersbedingt noch nicht unter dem Sattel gearbeitet werden kann, sollte mit der Bodenarbeit und Stangenarbeit Bekanntschaft gemacht haben. Ist das nicht der Fall, muss man einiges nachholen.

Das Stangenquadrat wird mit einem Innenabstand von etwa 1,70 Metern aufgebaut. Dazu müssen die Stangen übereinander gelegt werden. Damit diese nicht wegrollen, legt man die oberen zwei Stangen auf Ziegelsteine oder man fixiert die vier Stangen, indem man jeweils eine Seite unter die Nachbarstange legt und die andere darüber.

Die Aufgabe besteht nun darin, das Pferd diagonal über das Stangenquadrat zu führen. Das Tier muss die Stangen dort übertreten, wo sie sich kreuzen. Setzt es einen Huf zur Seite, werden Punkte abzogen. Sollte es mit den Hufen die Stangen berühren oder diese gar verschieben, fließt auch dies in die Bewertung negativ mit ein.

Mit dieser Aufgabe soll das Pferd beweisen, dass es in der Lage ist, ein am Boden liegendes Hindernis sicher und souverän zu bewältigen, ohne dass es seinen Reiter beziehungsweise seine Führperson gefährdet oder sich selbst dabei verletzt. Dies bedingt ein gewisses Verantwortungsbewusstsein und ein bestimmtes Maß an Selbstständigkeit des Pferdes, ohne dass es sich dabei der Kontrolle des Menschen entzieht. Die Aufgabe sieht recht einfach aus, birgt aber doch einige Schwierigkeiten in sich. Zwar scheuen die Pferde meist nicht vor den Stangen, haben aber oft Probleme, den richtigen Einstieg zu finden. Nicht selten tendieren Pferde deshalb dazu, ihren Menschen auf die Füße zu treten oder sie zumindest wegzudrängen.

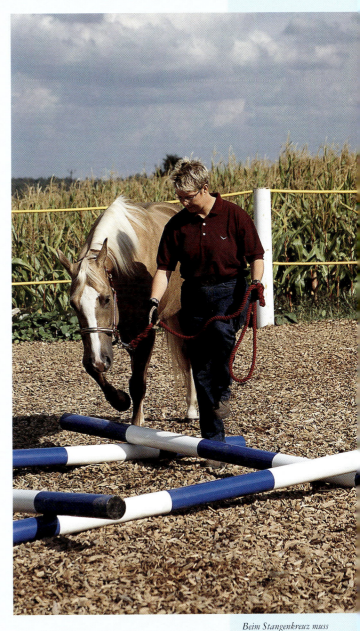

Beim Stangenkreuz muss der Ausbilder das Pferd korrekt heranführen. Außerdem sollte das Pferd sehr aufmerksam sein, wie hier perfekt demonstriert wird.

Die Hindernisse der Gelassenheitsprüfung

Häufige Fehler und wie man sie verhindert

Wenn das Pferd wegdrängelt, hat es meist Koordinationsprobleme und möchte darum dem Hindernis aus dem Weg gehen. In der freien Natur umgeht ein Pferd jegliches Hindernis, wenn es dies kann. Als domestiziertes Freizeit- oder Sportpferd muss es aber lernen, die Hindernisse zu meistern. Normalerweise lassen sich Pferde recht schnell davon überzeugen, Stangen zu übertreten.

Bevor Sie jedoch Ihr Pferd über eine Stange oder ein anderes Hindernis treten lassen, müssen Sie sich vergewissern, dass das Tier das Hindernis wahrgenommen hat. Lassen Sie es die Aufgabe zunächst mit tiefem Kopf begutachten, damit es das Hindernis richtig einschätzen kann. Erst dann darf es die Aufgabe angehen.

Wenn das Pferd die Stangen nicht deutlich sieht, wird es daran anschlagen. Es kann stolpern oder gar wegspringen und sich im schlimmsten Fall dabei verletzen. Dies passiert auch, wenn Sie es daran hindern, den Kopf tief zu nehmen, um das Hindernis anzuschauen. Geben Sie deshalb mit der Hand nach und animieren Ihren vierbeinigen Partner dazu genau hinzusehen. Erst dann lassen Sie das Pferd über die Stangen treten.

Führen Sie Ihr Pferd möglichst geradlinig auf das Hindernis zu, damit es dieses schon frühzeitig registrieren kann. Üben Sie das Übertreten von Stangen zu Hause in allen möglichen Variationen, damit das Pferd eine gute Koordination bekommt und dabei lernt, sich besser auszubalancieren.

Ist Ihr Pferd nachlässig und schleift mit den Hufen über die Stangen oder schlägt daran an, muntern Sie es auf, indem Sie im Training die Hinterhand mit der Gerte herantreiben. Dulden Sie nicht, dass das Pferd die Stangen berührt, sondern reagieren Sie darauf mit einem scharfen „Nein!" oder „Pass auf!" Sie können Ihren Vierbeiner auch durch kleine Rucks am Führstrick aufwecken. In der Prüfung sollte es die Stangen dann ohne Korrektur fehlerlos absolvieren können.

Wenn Sie ein Pferd haben, das Stangen nur vom Springparcours her kennt, können Sie möglicherweise Probleme haben, Ihr Pferd im Schritt über die Stangen zu führen. Stangen bedeuten für ein Springpferd immer, dass es diese überspringen muss. So versuchen springfreudige Gesellen, die Stangen per Sprung zu überwinden. Selbst wenn nur eine einzige Stange am Boden liegt, wird diese übersprungen.

Hier müssen Sie in klitzekleinen Schritten vorgehen, damit das Pferd einschätzen lernt, dass eine zehn Zentimeter hohe Stange nicht gesprungen werden muss, sondern übertreten werden kann. Manchmal hilft auch ein ausgiebiges Cavaletti-Training, das im Trab absolviert wird. Dieses bringt dem Springpferd auch etwas Abwechslung und trainiert sowohl seine Kondition als auch die Kraft in den Beinen.

Stellen Sie Ihr Pferd vor das Hindernis und lassen Sie es mit der Nase an der Stange schnuppern. Führen Sie es einen winzigen Schritt vor, bis es einen Huf über die Stange setzt. Sollte das Pferd zum Sprung ansetzen wollen, halten Sie es sofort zurück. Nur wenn Sie ganz langsam vorgehen, können Sie das Springen unterbinden.

Beim Stangenkreuz passieren sehr viele unnötige Fehler, weil die meisten Pferdeleute das Hindernis nicht ernst

Die Hindernisse der Gelassenheitsprüfung

genug nehmen und oftmals gar nicht üben. Das Resultat sieht man dann in der Prüfung. Nehmen Sie dieses Hindernis genauso ernst wie alle anderen und trainieren Sie mit Stangen, wann immer Sie können. In vielen verschiedenen Variationen wird das Stangentraining auch nicht langweilig. So können Sie Ihr Pferd über Parallelstangen führen (Schrittabstand von 40 bis 70 Zentimeter – je nach Schrittlänge Ihres Pferdes) oder über einen Stangenfächer, über erhöhte Stangen oder rautenförmige Muster. Holen Sie sich bei den Trailparcours der Westernreiter einige Anregungen!

Die Müllpassage

Das vierte Hindernis im Gelassenheitsparcours testet wieder die Scheufestigkeit des Pferdes. Auch hier muss das Pferd eine Gasse durchschreiten. Diesmal sind an der rechten Seite der Passage Müllsäcke und Mülltonnen aufgereiht. Links ist ein Seil gespannt, an dem zahlreiche Flatterbänder hängen. Ein Helfer bewegt das Flatterband heftig, während Sie die zwei Meter breite Gasse mit Ihrem vierbeinigen Partner durchschreiten sollen.

Für das Training organisieren Sie möglichst zwei verschiedenfarbige Mülltonnen und mehrere Plastiksäcke, die Sie mit Stroh oder Stoffen füllen. Vermeiden Sie scharfkantige Füllstoffe wie Dosen, Blech oder Kunststoffe. Sollte das Pferd doch einmal vor Schreck in die Säcke springen, könnte es sich sonst verletzen. Variieren Sie mit blauen, schwarzen und weißen Müllsäcken, denn Sie wissen ja: Jede Farbe hat ihren besonderen Reiz …

Die Müllpassage in der Gelassenheitsprüfung absolviert dieses Paar souverän.

Die meisten Pferde scheuen aber kaum vor den Müllablagerungen. Vielmehr gilt ihre Aufmerksamkeit und ihr Misstrauen dem Flatterband, das sich durch einen Helfer oder allein durch einen heftigen Wind stark bewegt. Die Bewegungen sind für Pferde schwer einzuschätzen, zumal auch noch ein knisterndes Geräusch hinzukommt.

Ihr Pferd sollte durch die Müllpassage ebenso gelassen und ruhig gehen wie zuvor auch an den Luftballons vorbei. Um dieses Ziel zu erreichen ist ein fundiertes Vorbereitungstraining notwendig.

Die Hindernisse der Gelassenheitsprüfung

> **Bewegung schürt die Angst**
> Logischerweise scheuen Pferde eher vor sich bewegenden Gegenständen. Dies ergibt sich aus dem instinktiven Verhalten des Pferdes. Raubtiere bewegen sich schließlich auch, wenn sie in freier Wildbahn ein Pferd anschleichen und angreifen. Ruhende Gegenstände interpretiert der Vierbeiner darum als weniger gefährlich.

Schwierigkeitsgrad langsam erhöhen

Wenn Sie im Training das Thema „Müllpassage" aufgreifen, beginnen Sie zunächst mit den Mülltonnen. Lassen Sie das Pferd in die Tonne schauen, ziehen Sie die Tonne auf der einen Seite mit, während Sie mit der anderen Hand Ihr Pferd führen. Vielleicht verwenden Sie die Mülltonne sogar als Futterbehälter, was die Scheu vor dem Ungetüm sehr schnell schwinden lässt. Bald überwiegt die Neugierde und auf der Suche nach dem leckeren Körnerfutter wird der Vierbeiner immer dreister. Es gibt sogar Pferde, die es schaffen, den Deckel zu öffnen, um sich anschließend über das Kraftfutter herzumachen.

Der nächste Schritt ist die Gewöhnung an die Plastiksäcke, die ebenfalls ein Teil des Aussacktrainings sein sollten. Nun kombiniert man beides und führt das Pferd an die Tonnen und Säcke heran. Heben Sie ruhig einen Sack vom Boden auf und legen ihn langsam und behutsam auf den Rücken des Pferdes. Scheut Ihr Pferd, müssen Sie einen Schritt zurückgehen und das Aussacktraining nochmals von A bis Z durchziehen.

Im nächsten Schritt des Trainings widmet man sich nur dem Flatterband. Flatterbänder gibt es im Baumarkt oder im Baustoffhandel zu kaufen, wobei man wählen kann zwischen der rot-weißen und schwarz-gelben Variante. Manchmal sind auch blau-weiße Bänder im Sortiment. Nehmen Sie, was Sie kriegen können, achten Sie aber darauf, dass die Bänder im Notfall leicht zerreißen, sollte ein Pferd vor Schreck ins Flatterband rennen oder springen. Es gibt auch reißfeste Varianten, die hauptsächlich auf Baustellen eingesetzt werden und sich in diesem Fall als eher ungünstig erweisen.

Ein Pferd, das an die Mülltonnen, Säcke und das Flatterband gewöhnt ist, lässt sich ohne Probleme durch die Müllpassage führen. Sie dürfen selbst natürlich auch nicht zögern oder Ihr Tempo verringern, ansonsten würden Sie Ihrem Pferd eine gewisse Unsicherheit vermitteln. Schon kann es zu einem kurzen Zögern kommen, das Ihre Gesamtnote drücken könnte.

Bälle aus der Hecke

Wiederum haben Sie es hier mit einer Wand zu tun, die eine Hecke darstellen soll. Sie kann mit Decken oder Planen gestaltet sein, aber auch aus einer Strohbündelmauer bestehen. Ähnlich wie bei dem Hindernis mit den Luftballons tauchen hier unvermittelt Bälle auf, die aus einer Lücke der Hecke rollen.

Ein Helfer rollt bei der Gelassenheitsprüfung drei Bälle schnell hintereinander vor den Beinen des Pferdes vorbei. Die Helfer sind angewiesen, die Bälle vor die Beine zu rollen und nicht unter

Die Hindernisse der Gelassenheitsprüfung

Auch die großen Bälle sind für diesen Schimmel kein Grund zur Panik.

dem Bauch des Pferdes hindurch. Dennoch kann es passieren, dass ein Irrläufer dem Pferd an die Beine rollt oder unter seinem Bauch hindurch. Auch diese Situation sollte Ihr Pferd meistern können, ohne dass es in Panik gerät.

Unverhofft kommt oft

Ballspiele sollten im täglichen Übungsprogramm einen festen Platz haben. Auf diese Weise können Bälle – egal, ob sie von vorne anrollen, springen oder an die Beine schlagen – Ihrem Pferd nichts anhaben. Die Balllektion ist keineswegs unrealistisch, denn wie oft tauchen unvermittelt und ohne Vorwarnung irgendwelche Dinge auf, die das Pferd nicht nur irritieren, sondern es sogar dazu veranlassen können, die Flucht zu ergreifen. Es müssen ja nicht unbedingt spielende Kinder sein, deren Ball unvermittelt den Weg des Pferdes kreuzt. Wem ist es nicht schon mal passiert, dass ein Hase aus dem Feldrand aufspringt und seine Haken schlägt? Auffliegende Fasane oder aufgescheuchte Rebhühner können nicht nur das Pferd, sondern auch den Reiter ganz schön erschrecken. Wie gut, wenn das Pferd die Ruhe behält!

Bei der Gelassenheitsprüfung sollten Sie wieder darauf achten, dass Sie die Markierung – zwei Meter von der Hecke entfernt – einhalten. Gehen Sie ohne zu zögern durch die Gasse und ignorieren Sie die herangerollten Bälle, damit Sie Ihrem Pferd wieder als gutes Beispiel dienen können.

Die Hindernisse der Gelassenheitsprüfung

Das Rückwärtsrichten will zu Hause gut geübt sein, damit das Pferd willig und ohne Zerren am Führstrick rückwärts tritt.

Das Rückwärtsrichten

Es ist schon erstaunlich, wie viele Pferde Probleme machen, wenn sie an der Hand rückwärts treten sollen. Auch wenn es unter dem Sattel zur täglichen Standardlektion gehört, muss es an der Hand noch lange nicht funktionieren. Mit dem Rückwärtsrichten soll das Pferd seinen Gehorsam beweisen, andererseits demonstriert der Pferdeführer seine Kontrolle über das Pferd.

Bei der Gelassenheitsprüfung ist es gefordert, das Pferd an einer Markierung anzuhalten und zwischen zwei seitlichen Begrenzungen rückwärts zu richten. Es darf die Begrenzungen nicht übertreten und sollte ohne Widerstand rückwärts gehen.

Ideal ist es, wenn man das Pferd nicht berühren muss, sondern leichtes Zupfen am Führstrick ausreicht, um das Tier rückwärts zu schicken. Je weniger Einwirkung man aufwenden muss, desto besser die Bewertung.

Meistens werden als seitliche Begrenzungslinien Hindernisstangen verwendet. Damit das Pferd die Stangen nicht berührt, muss es geradeaus rückwärts gerichtet werden. Nicht selten weichen Pferde jedoch seitlich aus und laufen schief rückwärts. Dies kann unterschiedliche Ursachen haben. Die meisten Pferde können sich zur einen Seite besser biegen als zur anderen. Man spricht hier von der natürlichen Schiefe oder Händigkeit. Wenn diese durch ein fundiertes Gymnastizierungsprogramm nicht ausgeglichen oder zumindest verbessert wird, kann das Pferd nicht geradeaus rückwärts treten.

Bei der Bodenarbeit kann man durch einen kleinen Trick die Einseitigkeit eines Pferdes aber durchaus kaschieren. Wenn das Pferd beispielsweise mit der Kruppe nach links ausweicht, braucht man nur den Kopf des Pferdes ebenfalls leicht nach links zu stellen. Dadurch ist das Pferd zwar in sich gebogen, wird aber geradeaus rückwärts gehen. Die Steuerung des Pferdes beim Rückwärtsrichten liegt immer am Kopf. Wenn Sie seinen Kopf nach links stellen, wird die Kruppe des Pferdes in die entgegengesetzte Seite nach rechts ausweichen, weil es bestrebt ist, seinen Körper gerade zu stellen. Je nachdem, in welche Richtung Sie den Kopf Ihres Pferdes stellen, wird es also gerade oder schief rückwärts gehen.

Wer das Sagen wirklich hat

Sollte sich das Pferd grundsätzlich weigern rückwärts zu gehen oder die Forderung nur sehr zäh und unwillig ausführen, müssen Sie sich fragen, was der Grund hierfür ist.

Die Hindernisse der Gelassenheitsprüfung

Um rückwärts zu gehen, muss das Pferd zunächst einmal ein gewisses Maß an Vertrauen haben, da es beim Rückwärtsrichten nicht sieht, wo es seine Beine hinsetzt. Lenken Sie Ihr Pferd also niemals gegen ein Hindernis und wenden Sie das Rückwärtsrichten auch nicht als Trick an, um ein Pferd beispielsweise ins Wasser zu leiten. Auf diese Weise verliert es nur das Vertrauen und wird immer unwilliger rückwärts gehen.

Nicht selten stellt sich das Rückwärtsrichten aber auch als reine Kraftprobe dar. So manches Pferd fordert auf diese Weise seinen Besitzer heraus: Mal sehen, wer der Stärkere ist! Rückwärtsrichten hat auch etwas mit Unterordnung zu tun. Jedes rangniedere Pferd muss ranghöheren ausweichen, und dies geschieht oftmals im Rückwärtsgang. Darum bedeutet Rückwärtsrichten auch Nachgeben und festigt die Akzeptanz des Menschen als Ranghöheren.

> **Rückwärtsrichten als Strafe?**
> Manche Trainer setzen das Rückwärtsrichten als Strafmittel ein, um das Pferd zur Ordnung zu rufen. Zwar ist es möglich, das Rückwärtsrichten als Unterwürfigkeitsgeste zu fordern, es eignet sich aber nicht als Mittel zur Strafe. Setzt man es als Strafmittel ein, würde das Pferd nur noch ungern rückwärts gehen und eine wertvolle gymnastizierende und versammelnde Lektion geht verloren.

Ihr Pferd sollte fleißig und ohne Zwang rückwärts gehen. Dies erreichen Sie, indem Sie immer nur feine Impulse mit dem Führstrick oder Zügel geben. Anfangs können Sie auch Ihre Hand zu Hilfe nehmen, die an der Brust des Pferdes so lange Druck ausübt, bis das Pferd rückwärts ausweicht. Erhöhen Sie den Druck, wenn das Pferd stur bleibt, und geben Sie niemals nach, bevor nicht das Pferd nachgegeben hat. Auf diese Weise lernt Ihr Pferd, dass der unangenehme Druck nur aufhört, wenn es in die gewünschte Richtung ausweicht. Sobald es das System verstanden hat, genügen leichte Impulse, um das Tier zu dirigieren. Achten Sie aber stets darauf, dass Sie den Druck frühzeitig lösen, ansonsten funktioniert es nicht und Ihr Pferd stemmt sich möglicherweise gegen Ihren Druck.

Wenden Sie stets dasselbe Stimmkommando an, um Ihr Pferd rückwärts zu schicken. In fortgeschrittenem Trainingsstadium können Sie den Druck mit der Hand immer mehr reduzieren und schließlich ganz einstellen, denn das Pferd wird allein auf Ihr Stimmkommando und leichte Zügelimpulse rückwärts treten. Wenn Sie dann noch mit Ihrer Körpersprache arbeiten, kann nichts mehr schief gehen. Hierzu stellen Sie sich seitlich vor das Pferd und gehen bestimmt auf das Tier zu, damit es allein schon aufgrund seiner (hoffentlich) rangniederen Position weichen muss. Weicht das Pferd nicht aus, werden Sie energisch! Jetzt ist es höchste Zeit, sich durchzusetzen, denn Sie müssen der Boss im Ring bleiben.

Fordern Sie aber nicht mehr, als Sie durchsetzen können, sonst finden Sie sich wieder auf der Verliererstraße. Geben Sie sich also im Zweifelsfalle mit einem oder zwei Tritten rückwärts zufrieden. Mit zunehmendem Training

Die Hindernisse der Gelassenheitsprüfung

können Sie die Anforderung und somit die Schrittanzahl steigern, bis sich Ihr Pferd über leichte Impulse in jede Position manövrieren lässt.

Üben Sie zu Hause Rückwärts-, Vorwärts- und Seitwärtspassagen durch alle möglichen Stangenformationen (spicken Sie hier wieder bei den Trailreitern!), dann ist Ihr Pferd bestens darauf vorbereitet, geradlinig zwischen zwei Begrenzungen rückwärts zu gehen. Bei der Gelassenheitsprüfung dürfen Sie zwar Ihr Pferd berühren, wenn dies aber nicht notwendig ist, können Sie wiederum punkten.

Die Regenschirme

Ein wahres Angsthindernis ist die siebte Aufgabe in der Gelassenheitsprüfung. Zum einen liegen hier aufgespannte Regenschirme am Boden, zum anderen lassen zwei Helfer jeweils einen Automatikschirm aufschnappen, sobald der Teilnehmer mit seinem Pferd das Hindernis passiert.

Die am Boden liegenden Regenschirme empfinden die meisten Pferde nur selten als bedrohlich, wenn aber knapp vor ihrem Kopf ein Schirm aufgespannt wird, haben schon viele Pferde Fersengeld gegeben. Im Laufe des gesamten Scheutrainings werden Sie bereits festgestellt haben, dass ruhende Gegenstände weniger Angst auslösen als sich bewegende. Das ist nur natürlich, denn ein ruhendes Raubtier wird ein Pferd nicht angreifen. Sobald es sich aber bewegt, ist es höchste Eisenbahn, sich aus dem Staub zu machen. Dies ist ein verankertes Verhaltensmuster, das nur durch viel Übung beeinflusst werden kann.

Je nachdem von welcher Position aus eine Bewegung kommt, kann man unterschiedliche Reaktionen beobachten. Spannt man einen Regenschirm von schräg unten auf, kann das Pferd mehr erschrecken, als wenn man dies in Augenhöhe tut. Hier spielen auch Erfahrungen eine große Rolle: Kommt eine Bestrafung stets von hinten (Gerte auf die Kruppe), wird das Pferd eher scheuen, wenn sich im hinteren Bereich etwas bewegt. Das Strafen am Kopf kann das Pferd so kopfscheu machen, dass es sogar schwierig werden kann, ein Halfter anzulegen.

Deshalb müssen Sie das Aufspannen eines Regenschirms von allen Positionen aus üben, damit alle Situationen trainingstechnisch abgedeckt sind. Sie können sich ja nicht immer darauf verlassen, dass der Helfer den Regenschirm genau dann aufspannt, wenn das Pferd in der Position ist, in der Sie geübt haben. Möglicherweise reagiert

Bei richtigem Training klappt das Regenschirm-Hindernis in der Prüfung problemlos.

Die Hindernisse der Gelassenheitsprüfung

er etwas zu spät und der Schirm springt erst auf, wenn Sie gerade daran vorbei gegangen sind. Ist Ihr Pferd dann noch ruhig, wenn es den Schirm nicht mehr sieht und nur noch das Schnappen hört? Und wie reagiert es, wenn es den aufspringenden Regenschirm aus dem Augenwinkel sieht?

Weitere Situationen können Sie bei diesem Hindernis überraschen. Möglicherweise kommt ein Windstoß und rollt die am Boden liegenden Schirme weg. Der Helfer kann den Schirm sehr hoch halten oder zum Boden senken. Die Reize, die auf Ihr Pferd einwirken, sind also sehr vielfältig. Deshalb sollte man dem Training mit Regenschirmen besondere Aufmerksamkeit schenken.

Richtig heranführen

Zeigen Sie Ihrem Pferd einen Regenschirm zunächst in ungeöffnetem Zustand. Selbstverständlich darf es den Schirm zunächst ausgiebig beschnuppern. Streichen Sie ihm mit dem Regenschirm anschließend übers Fell, bis es den Gegenstand widerstandslos akzeptiert.

Nun öffnen Sie den Schirm langsam so weit, wie Ihr Pferd es duldet ohne auszuweichen. Steigern Sie die Einwirkung des Schirms auf das Pferd, bis es alle möglichen Positionen, Bewegungen, Berührungen und Variationen widerstandslos hinnimmt. Wenn Sie rücksichtslos mit dem Schirm vor – aber auch hinter – Ihrem Pferd herumfuchteln können, ohne dass das Tier Unsicherheiten zeigt, haben Sie das Ziel erreicht.

In der GHP kommt es wieder darauf an, dass Sie Ihr Pferd innerhalb der zwei Meter breiten Markierung an den Schirmen vorbei führen, wobei Sie darauf achten sollten, dass Sie in ruhigem Tempo, aber ohne zu zögern das Hindernis passieren.

> **Trainingstipp für Profis**
> Holen Sie sich mehrere Helfer, die sich mit Schirmen bewaffnet um Ihr Pferd postieren. Lassen Sie die Helfer mal gleichzeitig, mal hintereinander (Laola-Welle!) oder durcheinander die Regenschirme öffnen. Bleibt Ihr Pferd dabei cool?

Die Plane

Kein ungewöhnliches Hindernis ist die Plane, die nicht selten auch bei Breitensportturnieren den Geschicklichkeitsparcours bereichert. Bei der Gelassenheitsprüfung ist sie als achtes Hindernis zu absolvieren. Gegenüber den bisherigen Schreckhindernissen hat die Plane die Besonderheit, dass es das einzige Hindernis ist, mit dem das Pferd in direkten Kontakt kommt, weil es sie ja betreten muss. Das kostet viele Pferde eine gewisse Überwindung. Auf unsicheren Boden zu treten kann im Zweifelsfall böse Folgen haben. Deshalb scheut sich so manches Pferd, über die Folie zu laufen.

Wenn Ihr Pferd Schwierigkeiten mit der Plane hat, gehen Sie die Sache langsam an. Zunächst sollte man sich vergewissern, dass das Hindernis verletzungssicher aufgebaut ist. Die Folie sollte plan auf den Boden gelegt werden, sodass sie möglichst keine Falten wirft. Die Ränder der Plane müssen gut mit Sand abgedeckt werden, damit

Die Hindernisse der Gelassenheitsprüfung

Die Plane ist für gut trainierte Pferde auch unter dem Sattel kein problematisches Hindernis.

das Pferd mit den Hufen nicht hängen bleibt und der Wind die Plane nicht wegwehen kann.

Je größer die Plane ist, umso kleiner ist die Gefahr, dass das Pferd versucht, am Hindernis vorbei zu laufen oder darüber zu springen. Hilfreich sind auch seitliche Begrenzungen wie Pylonen an den Ecken oder Hindernisstangen. Dies ergibt eine optische Eingrenzung und fixiert die Plane noch besser am Boden. Obwohl die FN auch Dressurviereckabgrenzungen als Alternative zu den Stangen vorschlägt, sollten Sie diese lieber nicht einsetzen. Sollte ein Pferd erschrecken und in die Abgrenzung springen, könnte es hängen bleiben und sich schwer verletzen.

Wählen Sie eine starke Lkw-Plane oder eine reißfeste Gewebeplane aus dem Baumarkt. Die FN empfiehlt eine Größe von etwa 3,50 bis 4,00 Meter

Seitenlänge. Eine rechteckige Plane sollten Sie von der breiten Seite aus üben, weil das Pferd dann nicht so schnell auf die Idee kommt, zur Seite auszuweichen. Somit sind Sie für ein fundiertes Training gut gerüstet.

> **Ohne Stollen und Stifte!**
> Auch wenn die Plane noch so reißfest ist, sollte man darauf achten, dass das Pferd keine Stollen oder Stifte in den Eisen trägt. Diese können sich durch die Plane bohren, wodurch Löcher in die Plane gerissen werden. Das Pferd kann hängen bleiben, die Plane mitzerren und dadurch in Panik geraten.

Übung macht den Meister

Pferde tendieren dazu, sich gegen die Führperson zu lehnen, wenn sie unsicher werden. Darum muss man besonders aufpassen, dass einem das Pferd nicht auf die Zehen tritt, wenn man es über die Plane führen will. Sorgfältige Führübungen vorher lehren das Pferd, seinen Abstand zu wahren. Verlangen Sie stets, dass Ihr Pferd langsam über die Plane geht. Will es stürmen, halten Sie es zurück. Lassen Sie das Tier aber nicht auf der Plane stehen, wenn es Angst hat. Das wäre in diesem Stadium noch zu viel auf einmal. Lassen Sie das Pferd an der Plane schnuppern und bauen Sie erst ein wenig Druck auf, wenn es kein Interesse mehr am Hindernis zeigt. Mit viel Geduld wird selbst ein sehr ängstliches Pferd bald einen Huf auf die Plane setzen.

Wichtig ist, dass Sie dem Pferd gestatten, den Huf auch wieder zurückzuziehen, wenn der Mut verlässt. Wenn es einmal den Huf auf die Plane gesetzt hat, wird es das auch ein zweites Mal tun, wenn es damit keine schlechten Erfahrungen gemacht hat. Würden Sie aber versuchen, Ihr Pferd am Zurückweichen zu hindern, bauen Sie zu viel Druck auf, dem Ihr vierbeiniger Partner nicht gewachsen ist. Dann verbindet Ihr Pferd den Zwang damit, dass es das Bein auf die Plane gesetzt hat, und wird sich zukünftig genau überlegen, ob es dies noch einmal tut.

Durch viel Übung wird das Pferd im Laufe der Zeit das Vertrauen und die Routine gewinnen, die notwendig sind, um Planenhindernisse auch an anderen Orten und in ungewöhnlicher Farbe zu meistern.

> **Bessere Manier**
> Lassen Sie Ihr Pferd den Kopf auf die Plane senken, damit es seine Aufmerksamkeit und sein Interesse demonstrieren kann. Aufmerksame Pferde sind immer sicherere Partner als solche, denen es egal ist, worauf sie gerade treten.

Der Rappelsack

Die vorletzte Aufgabe der Gelassenheitsprüfung besteht aus einer Führaufgabe, bei der ein Helfer einen Rappelsack neben dem Pferd an einem Seil nachzieht. Pferdeführer und Pferd sollen dabei eine etwa zwei Meter breite markierte Gasse nicht verlassen. Der Rappelsack holpert über am Boden liegende Hindernisse (zum Beispiel Steine). Dadurch entsteht ein ganz schöner

Die Hindernisse der Gelassenheitsprüfung

Ein Ohr, das Richtung Klappersack gedreht ist, verrät die Aufmerksamkeit des Pferdes. Das Pferd vertraut seinem Menschen und bleibt darum trotz des Klappersacks ruhig und gelassen.

Lärm, vor dem das Pferd erschrecken kann. Zudem ist der Helfer angewiesen, den Rappelsack knapp hinter dem Pferd herzuziehen.

Gefahr in Verzug

Die Tatsache, dass das rappelnde Geräusch schräg hinter ihnen verursacht wird, ist für viele Pferde der Anlass zu scheuen. Das Tier sieht nicht genau, was den Lärm verursacht, und geht mit einer instinktiven Scheu- oder Fluchtreaktion auf Nummer Sicher. Es könnte ja auch ein gefährliches Raubtier sein.

Der Klappersack ist auch in Breitensportwettbewerben ein beliebtes Utensil. Meistens aber soll dieser vom Reiter transportiert oder lediglich von einer Seite auf die andere umgesetzt werden. Schwieriger ist die Aufgabe, den Rappelsack an einem Seil nachzuziehen. In der GHP wird dies mittels eines Helfers praktiziert.

Um diese Aufgabe perfekt zu meistern, müssen Sie Ihr Pferd im Training zunächst an den Klappersack gewöhnen. Wie alle neuen Gegenstände lassen Sie auch den Rappelsack von Ihrem Pferd beschnuppern. Dann schütteln Sie den Sack leicht, sodass die leeren Dosen scheppern. Streichen Sie nun das Pferd mit dem Sack am ganzen Körper ab, aber immer nur so weit es das Tier akzeptiert.

Wenn das Pferd den Klappersack duldet, können Sie ihn an einem langen Seil befestigen und die ersten Führversuche damit machen. Üben Sie

Die Hindernisse der Gelassenheitsprüfung

das Nachziehen von Gegenständen – es können auch Äste, Plane oder Reifen sein – fleißig, damit Ihr Pferd darin Routine bekommt.

Das Stillstehen

Ein Pferd ist nur dann ein sicherer Freizeitpartner, wenn es gehorsam ist, damit der Reiter es entsprechend kontrollieren kann. Der Gehorsam wird bei der GHP unter anderem mit Hilfe der letzten Aufgabe, dem Stillstehen, getestet. Innerhalb einer vorgegebenen Markierung soll das Pferd am losen Zügel beziehungsweise Führstrick etwa 30 Sekunden ruhig stehen. Um die Aufgabe noch zu erschweren, ertönt nach zehn Sekunden ein Lokomotivengeräusch vom Band.

Erfahrungsgemäß reagiert kaum ein Pferd aufgrund des Lokomotivengeräuschs, viele Pferde bleiben aber dennoch nicht still stehen. Das unruhige Verhalten ist in den meisten Fällen nicht auf das Geräusch zurückzuführen, sondern eher darauf, dass die Pferde einfach nicht gelernt haben, auf Anweisung des Pferdeführers ruhig stehen zu bleiben. Sie haben zu wenig Geduld oder interessieren sich für viele andere Dinge, die rundum ablaufen, sodass sie sich nicht auf ihre Aufgabe konzentrieren.

Ein Blick ins Westernlager

Um einem Pferd das Stillstehen in allen Situationen beizubringen, benötigt man zunächst viel Disziplin, Geduld und Übung. Die Westernreiter haben das so genannte Ground-Ttying ebenso wie das Aussacktraining als obligatorische Übung in ihr Ausbildungsprogramm integriert. Hier sieht man des Öfteren Pferde am hängenden Zügel allein in der Mitte der Reitbahn stehen, während andere Reiter galoppieren. Dennoch bleibt das Pferd gelassen stehen und wartet auf seinen Reiter, der sich möglicherweise seiner Jacke entledigen möchte oder ein Trailhindernis umbaut.

Ruhiges Stillstehen: Mit gehorsamen und gelassenen Pferden macht die Arbeit richtig Spaß.

Die Hindernisse der Gelassenheitsprüfung

Wie machen die Westernreiter das? Zunächst muss es für die Aufgabe des Stillstehens ein festes Kommando geben, sodass das Pferd auch weiß, was es zu tun hat. Hierfür können Sie sich ein beliebiges Wort aussuchen, das Sie dann aber immer anwenden müssen. Empfehlenswert ist es, einen Befehl zu wählen, der zudem beruhigend wirkt. Damit ist es für das Pferd einfacher, die Aufgabe umzusetzen. Ein scharfes „Brrr!" ist hierfür nicht unbedingt geeignet, besser sind die Worte „Haaalt" oder „Hooo".

Soll das Pferd stillstehen, halten Sie Ihr Pferd mit Hilfe des verbalen Kommandos und anschließendem leichten Zügelimpuls an. Bleibt das Pferd stehen, dürfen Sie es loben. Nun warten Sie ab, bis das Pferd sich nicht mehr an den Befehl gebunden fühlt und einen Schritt vor oder zurück macht. Korrigieren Sie diesen einen Tritt sofort energisch und fordern Sie Ihr Pferd wiederum über das Stimmkommando und einen deutlichen Zügelimpuls auf, am Platz stehen zu bleiben. Dies wiederholen Sie so lange, bis das Pferd einige Zeit ruhig stehen geblieben ist.

Übertreiben Sie es am Anfang nicht, sondern geben Sie sich mit fünf bis zehn Sekunden schon zufrieden und lassen Sie das Pferd wieder antreten – natürlich ebenfalls nur auf einen entsprechenden Befehl hin. Üben Sie das Stillstehen täglich und steigern Sie den Zeitrahmen allmählich. Fordern Sie das ruhige Stehen auch beim Putzen und Satteln. Natürlich sollte das Pferd ebenso beim Schmied und beim Tierarzt wohlerzogen ruhig stehen. Sie sehen also, dass die Übung auch für den Alltag sehr wertvoll ist. Nicht zuletzt wird Ihnen ein diszipliniertes Pferd nicht so oft auf die Zehen treten. Unerzogene Pferde hingegen, die ständig herumzappeln oder die Menschen um sie herum ignorieren, können letztendlich sogar gefährlich sein.

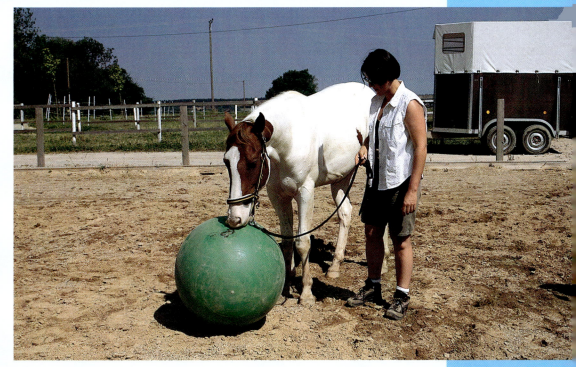

Der Trainingsplan für zu Hause

Der Trainingsplan für zu Hause

Beim Scheutraining ist es ganz besonders wichtig, dass es kontinuierlich durchgeführt wird, um einen gewissen Gewöhnungseffekt zu erzielen. Nur dann haben die erreichten Ergebnisse Bestand. Deshalb sollte das eine oder andere Element des Scheutrainings in das tägliche Trainingsprogramm eingebaut werden.

Es ist immer von Vorteil, wenn man sich ein realistisches Ziel setzt. Dadurch bleibt die Motivation erhalten. Das Ziel könnte beispielsweise darin bestehen, dass man mit gutem Ergebnis an der Gelassenheitsprüfung teilnehmen kann, oder vielleicht auch nur, dass das Pferd einen Klappersack akzeptiert. Sie müssen sich aber sicher sein, dass Ihr Ziel für Sie und Ihr Pferd erreichbar ist, ansonsten müssen Sie irgendwann einen Fehlschlag verbuchen, was natürlich sehr demotivierend ist. Wenn Sie ein echtes Problempferd haben, das sehr schlechte Erfahrungen machen musste, können Sie an dieses Pferd nicht dieselben Anforderungen stellen wie an ein Tier, das eine gute Grundausbildung und ein stabiles Nervenkostüm hat.

Der Trainingsplan für zu Hause

Bleiben Sie in der Zielsetzung also realistisch! Setzen Sie fest, was Sie mit Ihrem Pferd erreichen wollen, doch planen Sie keinen Zeitpunkt dafür ein! Wenn Sie sich ein Zeitlimit setzen, erhöhen Sie nur den Druck.

Tägliche Bodenarbeit

Sie müssen das Scheutraining nicht jeden Tag absolvieren. An stressigen oder wetterbedingt ungemütlichen Tagen oder wenn Sie oder Ihr Pferd sich einfach nicht wohl fühlen, kann ein Training auch kontraproduktiv sein. Trotzdem dürfen Sie natürlich täglich Bodenarbeitslektionen absolvieren. Die Bodenarbeit bietet so viele Varianten, dass Ihnen und Ihrem Pferd bestimmt nicht langweilig wird. Die Bodenarbeit mit all ihren Variationen wie Scheutraining, Steuerungsübungen (durch Stangen), Zirkuslektionen oder Gehorsamsübungen kann eine reizvolle Lebensaufgabe insbesondere auch für nicht reitbare Pferde sein.

Disziplin und Gehorsam

Halten Sie beim Training mit Ihrem Pferd immer an bestimmten Prinzipien fest. Der Mensch muss stets die Alphaposition bekleiden. Es sollte gewährleistet sein, dass das Pferd die ranghöhere Position seines Besitzers nicht in Frage stellt. Diszipliniertes Verhalten gehört zu den grundlegenden Eigenschaften, die man von seinem Pferd fordern und konsequent durchsetzen sollte. Nur dann haben Sie die Gewähr, dass Ihr Pferd gehorsam ist – die Voraussetzung, um Bodenarbeitsübungen zu absolvieren.

Trainieren Sie nur bei einer guten Verfassung Ihres Pferdes. Fühlt es sich zum Beispiel aufgrund einer gerade überstandenen Kolik nicht wohl, sollten Sie keine Leistung von ihm verlangen. Dazu gehört nicht unbedingt eine großartige körperliche Leistung beispielsweise in Form eines Springparcours, sondern auch geistige Kopfarbeit, wie sie jede Art des Bodenarbeitstrainings erfordert.

Natürlich ist es außerdem ratsam, dass Sie nur dann ein Training ansetzen, wenn Sie sich selbst gut fühlen. Ärger und Stress sollten Sie nicht in den Stall mitbringen. Wenn Sie aufgrund Ihrer eigenen Gefühlslage ungeduldig oder ärgerlich reagieren, vermasseln Sie womöglich das ganze Training. Auf diese Weise werden Sie kaum Fortschritte erzielen.

Sorgen Sie auch für ein möglichst störungsfreies Umfeld. Wenn das Pferd durch spielende Kinder oder bellende Hunde abgelenkt ist, kann eine Übung kaum erfolgreich zu Ende geführt werden.

Das Hindernis-Training

Bereiten Sie Ihr Training sorgfältig vor. Bevor Sie Ihr Pferd von der Koppel oder aus der Box holen, stellen Sie sicher, dass alle benötigten Gegenstände bereit liegen. Ist der Übungsplatz für ein Bodentraining geeignet oder steht der Reitplatz nach tagelangem Regen so unter Wasser, dass es Ihnen die Stiefel auszieht? Dann sollten Sie das Training besser auf einen anderen Tag verschieben. Eine angenehme Atmosphäre ist sowohl für Sie als auch für Ihr Pferd wichtig.

Der Trainingsplan für zu Hause

Wenn Sie sich mit Stallkollegen zusammen tun, macht das Training mehr Spaß. Man kann sich auch gegenseitig Hilfestellung geben und gegebenenfalls ein routiniertes Pferd als „Zugpferd" benutzen. So kann man ein erfahrenes Pferd zuerst über die gefürchtete Plane schicken, während man das junge, schreckhafte Tier nachlaufen lässt. Solche Hilfestellungen können das Training in manchen Situationen erleichtern.

Ein Helfer, der einem zur Seite steht, ist beim Scheu- und Bodentraining sehr wertvoll. So können Sie sich voll und ganz auf Ihr Pferd konzentrieren, während Ihr Helfer den Regenschirm bedient oder die Stangen richtet.

Achten Sie darauf, dass Sie Ihr Pferd bei jeglichem Schreckhindernis immer auf der dem Hindernis abgewandten Seite führen, damit es Sie im Falle eines Falles nicht überrennt. Das Pferd wird Sie möglicherweise ignorieren, wenn es erschrickt und zur Seite springt. Wenn Sie gerade im Weg stehen, ist es Ihr Pech!

Ein weiterer Grundsatz: Gehen Sie nur ein Hindernis an, wenn Sie sicher sind, dass Sie und Ihr Pferd es auch bewältigen können. Ansonsten müssen Sie beispielsweise das Überqueren der Plane erfolglos abbrechen, womit Sie trainingstechnisch einen Rückschritt gemacht haben. Gehen Sie also in kleinen Schritten voran und beenden Sie das Training immer mit einem positiven Ergebnis. Dazu verlangen Sie von Ihrem Pferd eine Aufgabe, die es leicht absolvieren kann, damit Sie es anschließend loben und zur Belohnung auf die Weide schicken können.

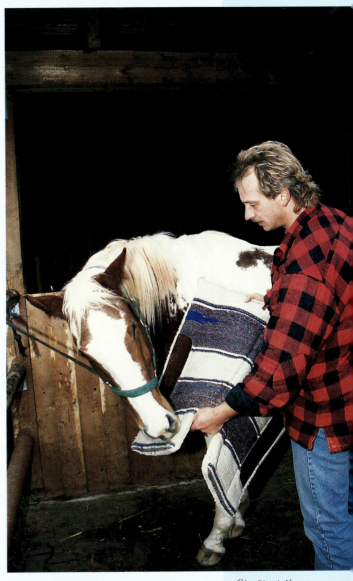

Üben Sie mit Ihrem Pferd stets in ruhiger Atmosphäre und nehmen Sie sich viel Zeit.

Ab ins Trainingslager!

Machen Sie sich zur Ihrer eigenen Motivation einen Trainingsplan! Kreieren Sie einen möglichst abwechslungsreichen Ablauf, üben Sie aber dennoch nur ein oder zwei Hindernisse pro Tag. Setzen Sie zum Schluss ein Ziel, das Sie erreichen möchten. Tragen Sie täglich in Stichpunkten den Trainingsablauf ein. Markieren Sie besondere Fortschritte mit einem dicken Ausrufezeichen: „Heute hat Mirko das erste Mal die Plane betreten!"

Machen Sie von Zeit zu Zeit von den einzelnen Übungsaufgaben Videoaufnahmen. Analysieren Sie, am besten zusammen mit Ihrem Reitlehrer oder Trainer, die Aufnahmen und werten Sie vor allem auch Ihr eigenes Verhalten aus. Sie können dadurch viele interessante Aspekte erfahren. Vergleichen Sie mit älteren Videoaufnahmen und überprüfen Sie den heutigen Trainingsstand. Daraus können Sie ersehen, welche Fortschritte Sie und Ihr Pferd schon gemacht haben.

Machen Sie auch Fotos und heften Sie diese zu Ihrem Trainingsprotokoll. Sie werden sehen, wie viel Spaß es macht, in späteren Jahren darin zu blättern und zu sehen, wie gut Ihr Pferd in der Zwischenzeit geworden ist.

Scheuen Sie sich aber auch nicht, im Training einen Schritt zurück zu gehen, wenn eine Übung partout nicht klappen will. Vielleicht ist Ihr Pferd mit dem letzten Schritt einfach noch überfordert. Der Mut, wieder am Anfang zu beginnen, wird letztendlich meist mit einem umso größeren Fortschritt belohnt.

Wie steht's mit der eigenen Gelassenheit?

Aufgrund dessen, dass Pferde Herdentiere sind, richten sie sich immer nach ihren Artgenossen. Ganz besonders verlassen sie sich auf ein ranghöheres Herdenmitglied und folgen ihm vertrauensvoll. Da der Mensch als ranghöher anerkannt ist – zumindest sollte es so sein – wird das Pferd ihm ebenfalls folgen und sich an seinem Verhalten orientieren. Wenn nun der Mensch Unsicherheit oder gar Furcht zeigt, muss dem Pferd klar sein, dass hier etwas nicht in Ordnung ist. Daraufhin wird es selbst unsicher und ängstlich werden.

Es ist deshalb sehr bedeutsam, mit welcher inneren Einstellung und Haltung man an eine Aufgabe herangeht. Wenn man selbst schon nervös ist, weil das Pferd vielleicht vor einem Regenschirm erschrickt, wird es die Unsicherheit des Menschen bemerken und tatsächlich ängstlich reagieren. Wenn man aber kompetent auftritt und innerlich ruhig wirkt, kann man diese Haltung auf das Pferd übertragen. Es wird keine Gefahr vermuten und eine heikle Situation wesentlich souveräner meistern.

Auf einem Turnier – beispielsweise der FN-Gelassenheitsprüfung – ist jeder mehr oder weniger aufgeregt, weil man vor den Richtern und vielen Zuschauern sein Pferd möglichst gut präsentieren möchte. Eine gewisse Nervosität oder wenigstens Anspannung (die selbst noch Profis empfinden) wird jeder verspüren. Natürlich bemerkt auch das Pferd diese Nervosität, und in den meisten Fällen überträgt sich dieses Gefühl.

Darum müssen Sie damit rechnen, dass die Lektionen, die Sie zu Hause gut geübt und die auch wunderbar geklappt haben, nun auf dem Turnier gänzlich schief gehen. Darüber dürfen Sie nicht erbost sein, denn in der Regel sind Sie selbst der Auslöser dafür. Es gibt zwei Möglichkeiten, dieses Phänomen in den Griff zu bekommen: Zum

Der Trainingsplan für zu Hause

Pferde erkennen die Stimmungslage ihres Besitzers sofort an seiner Körperhaltung und Mimik.

einen können Sie so lange auf Turniere gehen, bis eine gewisse Routine und Sicherheit bei Mensch und Pferd eingetreten ist. Zum anderen können Sie schon im Vorfeld daran arbeiten, die Nervosität etwas in den Griff zu bekommen und mehr Ruhe auszustrahlen.

Zur Ruhe kommen

Die Nervosität auf dem Turnier abzulegen ist ein Punkt, aber auch zu Hause ist man oft nicht ausgeglichen, sondern von Ärger und Stress geprägt. Natürlich überträgt man auch den Ärger, den man möglicherweise vom Büro nach Hause bringt, auf das Pferd.

Dadurch ist man oft ungeduldig beim Training und manchmal auch aggressiv. Am Pferd werden diese Aggressionen ausgelassen, man ist ungeduldig und straft das Tier möglicherweise völlig ungerechtfertigt.

Pferde erkennen die Stimmungslage ihres Besitzers schon an seiner Körperhaltung und Gesichtsmimik. Das Pferd weiß aber nicht, weshalb sein Mensch so ärgerlich ist, und kann nur verwirrt oder eben unsicher reagieren. Soll es dann noch bestimmte Aufgaben absolvieren, die eine große Herausforderung darstellen, und der Besitzer übt dabei aufgrund seiner Stimmungslage zu viel Druck aus, kann die ganze Situation eskalieren.

In aller Regel sind die Auswüchse zwar nicht so dramatisch, aber es reicht ja schon, wenn Sie etwas zu ungeduldig sind und Ihrem Pferd nicht die Zeit lassen, die es benötigt, um sich mit einer Situation anzufreunden. Deshalb ist es wichtig, nicht nur mit dem Pferd zu trainieren, sondern auch an sich selbst zu denken. Zunächst muss man selbst zur Ruhe kommen und sich von Ärger und Stress frei machen.

Das ist nicht gerade einfach, wenn man vorher Hektik am Arbeitsplatz hatte oder mit einem Stallkollegen gestritten hat. Auch wenn Sie vermeintlich fröhlich zum Stall kommen und sich sagen: „Endlich Feierabend!", sind Sie immer noch enorm stressgeladen. Bis man wirklich zur Ruhe kommt, braucht man eine gewisse Zeit.

Durch spezielle Entspannungsübungen kann man ganz bewusst daran arbeiten, schneller zur Ruhe zu kommen. Damit wird die Arbeit mit dem Pferd wesentlich einfacher und auch erfolgreicher. Zudem macht das Training in entspannter und ruhiger Atmosphäre mehr Spaß.

Das Autogene Training

Eine der beliebtesten Entspannungsmethoden ist das Autogene Training, kurz AT. Sein Erfinder, Prof. I. H. Schultz, bezeichnet diese Art der Entspannung auch als „konzentrative Selbstentspannung". Hierbei stellt man sich selbst auf eine vertiefte Ruhe ein, es handelt sich dabei um eine Art der Selbsthypnose.

Für das Autogene Training ist eine tiefe Konzentration auf die Vorgänge im eigenen Körper notwendig. Man stellt sich dabei bestimmte Körpergefühle vor (zum Beispiel warme und schwere Füße), die das vegetative Nervensystem anregen, diese Veränderungen im Körper auch tatsächlich hervorzurufen.

Wer das Autogene Training erfolgreich erlernen und anwenden möchte, muss zunächst regelmäßig üben. Je öfter und regelmäßiger man übt, desto schneller stellt sich der Organismus auf das suggerierte Körpergefühl um. Schließlich reagiert der Körper automatisch auf die vorgestellten Formeln.

Die Formeln, die man sich beim autogenen Training innerlich vorsagt, sind kurz und prägnant. Dabei stellt man einen gewissen körperlichen (entspannten) Zustand fest, der durch die Vorstellung erst real wird. Für den Erfolg hinderlich sind krampfhafte Anstrengungen oder kritische Auseinandersetzung mit der Methode, die letztendlich wie eine Blockade wirken.

Der Trainingsplan für zu Hause

Autogenes Training im Selbststudium zu erlernen ist zwar möglich, aber recht schwierig. Empfehlenswerter ist es, wenn Sie hierfür Kurse belegen, die oft von den Volkshochschulen angeboten werden. Auch manche ärztliche Kliniken führen Kurse zum Autogenen Training durch.

Die progressive Muskelentspannung

Für die Stressbewältigung im Alltag eignet sich ganz besonders auch die progressive Muskelentspannung (PM). Viele Menschen kommen mit dieser Entspannungsmethode besser zurecht, da sie recht einfach nachzuvollziehen ist.

Man spannt nacheinander bestimmte Muskelgruppen an und löst diese Anspannung wieder ganz bewusst. Auf diese Weise erreicht man eine deutliche körperliche Entspannung, die sich schließlich auch auf die Psyche auswirkt.

Die psychischen Empfindungen („Ich bin heute total gestresst") wirken sich unweigerlich auf den körperlichen Zustand aus. Es entstehen Muskelverspannungen, häufig beginnend im Nackenbereich, die sich über den Rücken und schließlich über den gesamten Körper fortsetzen. Wenn man nun seine Muskulatur durch die Übungen der progressiven Muskelentspannung lockert, entspannt sich damit automatisch auch der psychische Zustand.

Die Methode ist recht einfach zu erlernen, wobei spezielle Kurse dennoch sinnvoll sind, damit man über einen Lehrer Rückfragen stellen und spezifische Probleme lösen kann.

Andere Entspannungstechniken

Es gibt eine Fülle von verschiedenen Entspannungsmethoden; meist entstammen sie fremden Kulturen, die schon viel früher die Notwendigkeit von entspannenden Übungen erkannt haben. Insbesondere die fernöstlichen Methoden nehmen auch auf die westliche Welt immer mehr Einfluss.

Jeder sollte für sich entscheiden, welche Methode ihm am besten liegt, und diese dann möglichst intensiv erlernen, um im Bedarfsfall darauf zurückgreifen zu können. Das Autogene Training (AT) und die progressive Muskelentspannung (PM) haben sich als zwei der beliebtesten Entspannungsmethoden herauskristallisiert, aber auch Yoga oder Meditation sind sehr gefragt. Jede Methode hat ihre Schwerpunkte und Vorteile.

Yoga hat den Vorteil, dass es nicht so zielgerichtet ist und dass die körperlichen Übungen zusätzlich auch einen gesundheitlichen Aspekt haben. Aus diesem Grund ist Yoga für den Reiter sehr empfehlenswert.

Die Meditation, die zu innerer Klärung führt, kann eine Weiterentwicklung des Autogenen Trainings sein. Man gewinnt mehr Selbsterkenntnis und eine bessere Einsicht in die Lebensvorgänge. Somit ist es möglich, seine Kräfte gezielt einzusetzen und unnötige Vergeudung seiner Kräfte (für Dinge, für die es sich nicht lohnt) zu vermeiden.

Suchen Sie sich Ihre Entspannungsmethode und nehmen Sie sich hierfür täglich einige Minuten Zeit. Sie werden feststellen, dass Vieles im Alltag und auch im Umgang mit dem Pferd leich-

Der Trainingsplan für zu Hause

Entspannungstechniken können die innere Ruhe des Reiters unterstützen. Pferde passen sich der Gefühlslage des Reiters meistens an.

ter fällt. Sie werden geduldiger, sind nicht mehr so schnell verärgert, wenn eine Übung nicht so klappt, wie Sie sich das vorgestellt haben, und finden zu mehr Lebensfreude – zusammen mit Ihrem Pferd.

Wenn Sie locker, fröhlich und entspannt sind, wird die Stimmungslage auf Ihr Pferd übergehen. Damit kommen Sie Ihrem Lebenstraum ein großes Stück näher, denn Ihr Pferd wird cooler und gelassener!

So bleibt Ihr Pferd cool und gelassen